先延ばしと挫折をなくす計画術 無敵の法則

The invincible rules of plan not to fail

野呂エイシロウ
Noro eishiro

アスコム

プロローグ

自分で言うのもなんですが、若い頃の僕は、ものすごくズボラでした。
早くやったほうが楽なのに、つい先延ばしにしてしまう。
原稿や資料作りは締め切りギリギリ。
ダイエットも途中で「また今度」とやめてしまう。

どうすればこの悪いクセは治るのだろう？　性格だから仕方ないのか？　そう悩んでいた僕が「やりきる人」になれたのは、「予定」を「計画」に変えたからです。

例えばスケジュール。明日、誰かと打ち合わせの予定があるとしたら、手帳やスマホのカレンダーにどんなふうに書いていますか？

次のページに載せたのは、ダメダメだった昔の僕が書いていたスケジュールです。

ダメなスケジュールの書き方

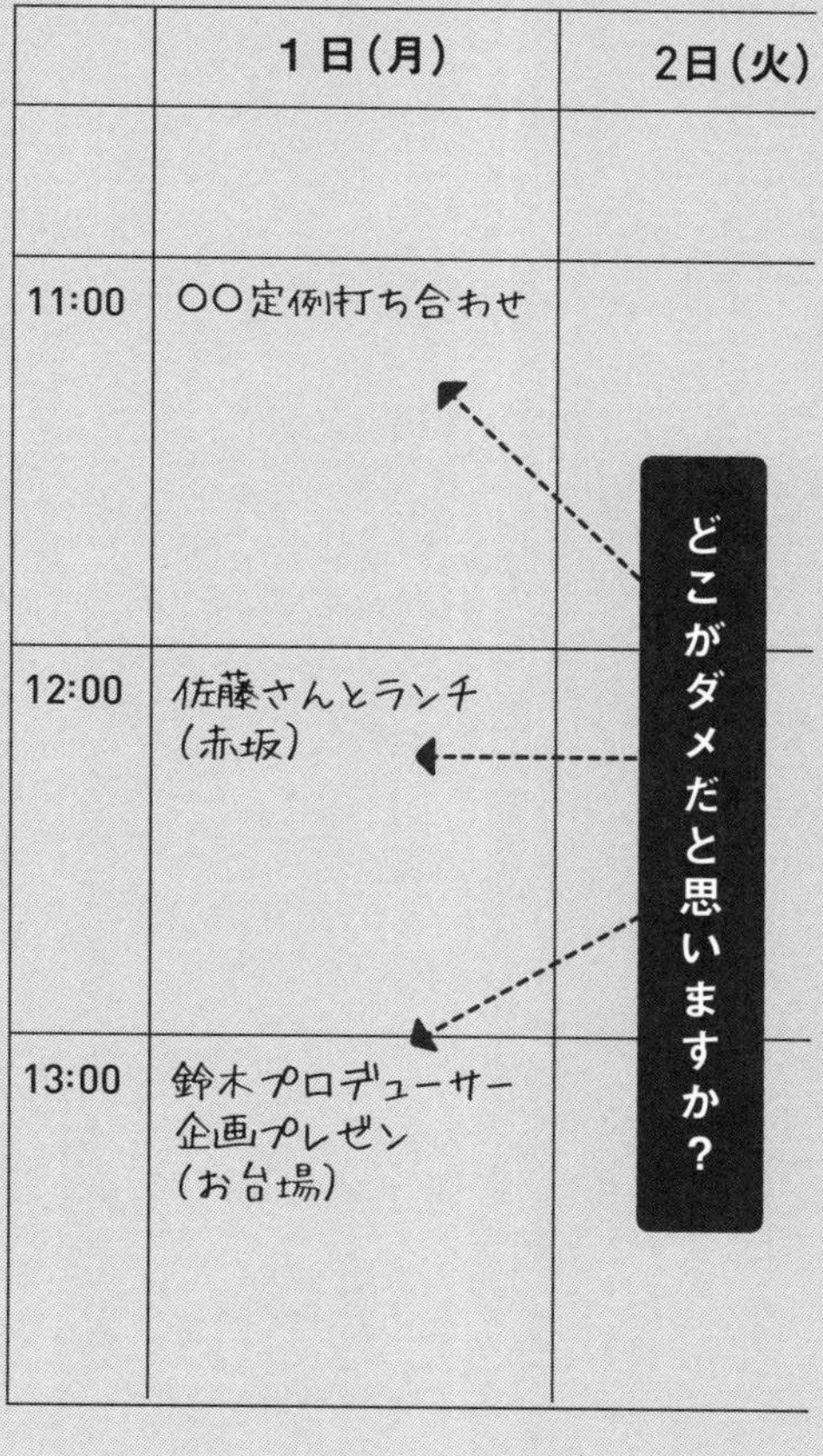

この次のページには、今の僕が書いているスケジュールが載せてあります。

ちょっと変えただけで抜群の効果があったのですが、どこが違うでしょうか。

「計画術」のスケジュールの書き方

	1日（月）	2日（火）
11:00	○○定例打ち合わせ 宿題になっていた調査データを完璧に報告して役員の信用を勝ち取る	
12:00	佐藤さんとランチ（赤坂） 佐藤さんの好みや趣味を聞き出して人間関係を作る	
13:00	鈴木プロデューサー企画プレゼン（お台場） 前回通らなかった企画を必ず通してレギュラー化する	

予定ではなく目的を書く

そう、僕は**スケジュールに目的を書き込みます。**

本編で詳しく解説しますが、一つひとつの**目的を「見える化」**するだけで、自然と動けるようになります。

例えば「○○締め切り」とだけ書いてあると、「あと3日あるな」と悪いクセが顔を出します。会議も前日になって「あれ？　明日の打ち合わせって何の話するんだっけ？」なんてことになります。

「定例ミーティング」「月いち会食」などと書いてあると最悪です。準備は怠り、成果も追わず、

「まあ、いいか」で終わる。**とんでもなく時間を無駄にしていることに気づきました。**

これじゃ予定がわかっていても意味がない。「明日はやりたい企画を通すんだろ！」。そうやって僕を動かしてくれる人がいたらいいのに。

ならば自分で書いてしまえと始めたのが、今の書き方。「Ｓｉｒｉ」がプッシュ通知してくれるようなものです。

数分でできることですが、これにもっと早く気づいていたら、人生が変わっただろうと思います。

小学校時代の時間割を思い出してみてください。

1時間目は国語。2時間目は算数。3時間目は体育で4時間目が音楽。そんな感じで予定が決まっているだけで、なんのために国語の授業を受けるのかなんて、考えたこともありませんでした。

でも時間割に〝漢字を5個覚えるぞ〟とか、〝体育でカッコいいところを見せて女子にチヤホヤされるぞ〟なんて書いておいたら、もうちょっと僕も授業をうまく活用できたかもしれません。僕の学力が伸びなかったのはきっとこの時間割のせいです。目的を書いていたら、東大やハーバード大学を出て、本ももっとバカ売れしていたに違いありません。

まあ僕の妄想はどうでもいいとして、この本でお伝えしたいのは大きく2つ。

一つは、細々した**行動をきちんと「計画する」**こと。

もう一つはその**計画を実行する「仕組みを作る」**ことです。

計画は、何かを成し遂げるために方法や手順を考え、企《くわだ》てることです。

計画というと長期にわたるものをイメージするかもしれませんが、**明日の会議も、明後日のランチも、それぞれに本当は企《たくら》みがあるはずです。**その積み重ねが、長期的な目標の達成につながるのだと思います。

逆に、どんなに壮大な素晴らしい計画を立てたとしても、日々そこに向かう小さな計画がなければ、絵に描いた餅で終わってしまうでしょう。

そして実行のカギを握るのは仕組みです。

僕は、やる気だけに頼るのは危ないと思っています。**やる気というのは、本来あるはずのない幻想です。**

「やる気があればやったのに」「やらなきゃいけないけど、やる気が出ない」なんてことは、あり得ません。やりたくなかったり忘れたりしているのを、やる気が出ないせいにしているだけ。

嫌なことでも、忘れそうなことでも、**確実に実行するために必要なのは、やる気を出すことではなく、準備、習慣、ルーティンといった「自分を動かす仕組み」なのです。**

自己紹介が遅れましたが、私はテレビ番組の放送作家であり、企業のＰＲコンサルタントでもあります。

ありがたいことに、いくつもの企画を抱えながら、雑誌やウェブサイトの連載原稿を書いたり、こうして本を書かせていただいたりしています。

僕は学生の頃から自分で事業を起こして、生きていくために常にいくつもの仕事を並行して進める働き方を続けてきました。会社や上司が仕事量をコントロールしてくれることもなく、手が回らないといっても同僚が助けてくれるわけでもなく、自分で決めた仕事を確実にやりきるしかありません。

そうした中で培ってきた、**スケジュールの立て方や、時間を効率よく使う方法、抜**

け漏れを防ぐ仕掛けなどを、本書では55の法則としてまとめました。

僕はフリーランスのような経営者ですが、会社員であっても、僕に近い働き方をする人はすごく増えているのではないでしょうか。

コロナ禍を境に働き方は大きく変わり、リモートワークや副業が急速に一般化しました。それによってマルチに働く人も増え、やりたいことの選択肢は広がっています。**個人で人生の計画を立て、自分で自分をコントロールする技術も大事になってきました。**

そんな時代の変化を受けて、過去に書いた『成果につながる！仕事と時間の「仕組み術」』を一部、加筆修正したのが本書です。

やりたいことや、やるべきことがあるのに、つい先延ばしにしてしまう。

計画を立てても、いつもなし崩しに「なかったこと」にしてしまう。

そんなことが少しでも思い当たる人にとって、きっといくつもヒントが見つかる本になっていると思います。

この本に書いたのは、事業計画の書き方などの長大なプラニングの方法ではありません。日々の一つひとつの予定や行動を計画化して、確実にやり遂げるための方法です。

具体的なやり方をライフハックのようにまとめているので、すぐに実践できますし、興味のあるテーマから読んでいただけるようになっています。

この本を読んでいただければ、

「やっておけばよかった」がなくなります。

「やろうと思ってたのに」がなくなります。

そして「やりたいこと」がたくさんできます。

そのために「やるべきこと」もはっきりします。

「やらなきゃ……」と時間に追われるストレスがなくなります。

きっと「すぐやる人」に変われます。

こうして、限りある時間を無駄にすることなく、常に目的と成果に向かう充実した毎日が手に入るのです。

僕は、人生は有限だということを忘れないようにしています。東日本大震災やコロナ禍を経て、どんどん強く意識するようになりました。毎日寝て起きて、家族や大好きな人たちと過ごす時間も決して当たり前ではないと、常に自分に言い聞かせています。

ぜひこの本を読むことから、計画術を始めてみてください。

「この本を読んで3つくらいSNSのネタにしてやろう」
「少なくとも5つは実践してみよう」
「独立に生かそう」

なんでもいいので、ただ「本を読む」のではなく何かを企んでもらえたら、嬉しく思います。それがあなたの人生の充実につながるならば、著者としてこれ以上の喜びはありません。

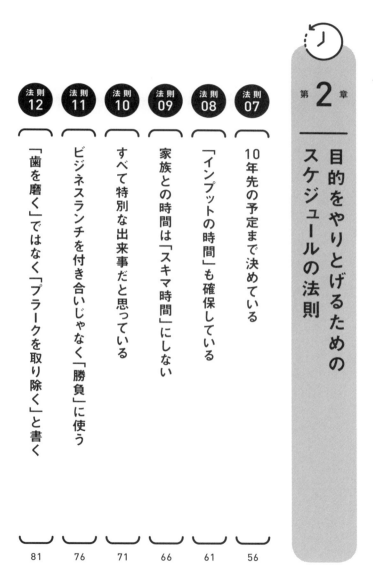

第2章

目的をやりとげるためのスケジュールの法則

第3章

効率とスピードをアップする行動管理の法則

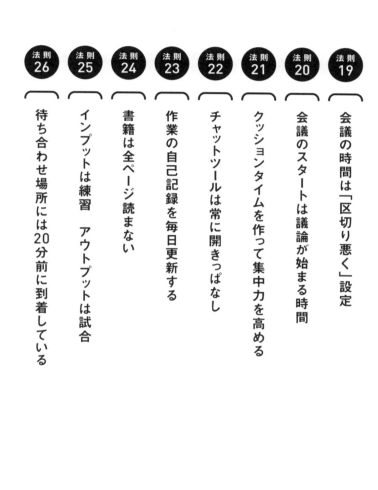

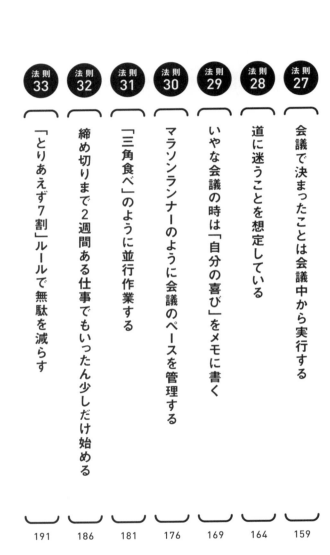

第4章 他人に振り回されないコミュニケーションの法則

第5章 やり忘れを防ぐルーティン化の法則

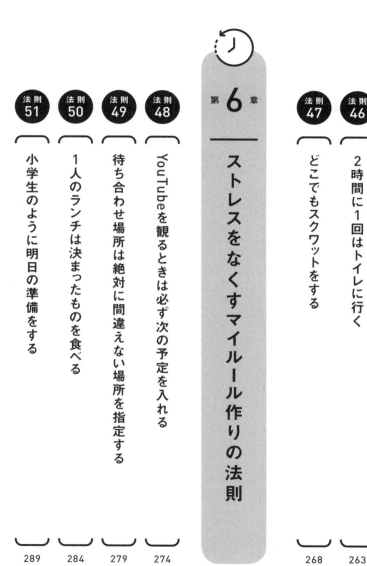

第1章

計画の立て方で人生が変わる

法則

01

スケジュールに「目的」を書くと実行力がアップする

あなたの目の前にある手帳は、単なる予定時間が書かれたメモなのでしょうか？
それとも「未来の予言の書」とするのでしょうか？
それはあなた次第です。

あなたの手帳のスケジュールには、すでに予定がいくつか入っていると思います。予定の「予」は、「前もって」という意味。「定」は、「そうと決まっていること」という意味と、もう一つ仏教用語で「心を一つの対象に集中して安定させること」という意味があると言います。

予定については、「前もって決まっていること」という意味と「心を一つの対象に集中させて安定させる」という意味を肝に銘じましょう。予定のすべてを集中して行えば、未来は確実に充実したものになります。

ここで、ちょっと考えてみましょう。

「どうしてその予定があるのでしょうか？」

手帳を眺めてもこの疑問に答えられないのではないでしょうか？

たとえば、9時から12時まで「社内で会議」と書いてあったとしましょう。そう、会社に行き、会議に出るのは前もって決まっていることです。

では、単純に就業時間や会議の時間をやり過ごせばいいのでしょうか?

ハッキリ言ってしまえば、それは人生の無駄。僕もあなたも同じく、人間は会社や社会に貢献すべき動物です。仕事の時間にずっと「会議も仕事もすぐに切り上げて、一杯飲むか」と思っていたとしたら、予定の意味はまるでありません。

会議の例をあげると、**「なんでこの場所にいるのか?」「この会議で僕は何を提案すればいいのだろうか?」などと、そのスケジュールが指し示す意味を考える姿勢が何より重要です。**

僕の例で言うと、「アイディアを2本、この会議で通そう」「役員に能力を認められよう」などと、会議の意味を明確に考えるようになってから、時間管理がうまくなりました。

たとえるなら、スケジュールは自分の未来を決めるカーナビのようなもの。**ゴールを設定すれば、そこに自動的に意識が向かうようになる効果があるのです。**

たとえば、ただ「辛い治療を受けるだけ」という意識だと、積極的に病院に行こうとは思わないかもしれません。

しかし、「血管にこびりついているコレステロールや脂肪をキレイに掃除しよう」といった目的を念頭に置けば、病院に行くのが辛くなくなります。僕は通院のスケジュールには、時間だけでなく、治療の目的も書くようにしています。

では、どのようにスケジュールを入れていくのか、僕の方法を紹介しましょう。

僕は、iPhoneでスケジュールを毎日何度も確認します。

なぜなら、スケジュールには時間と場所を記せばいいわけではなく、**「この予定をどう活用するのか？」という目的をあらゆるシーンで想像する**ためです。この行動は、ＰＤＣＡサイクルでいうＰ（Ｐｌａｎ：計画）のプロセスに相当します。

そして、会議に参加。ＰＤＣＡのＤ（Ｄｏ：実行）です。予定を実行する時間は、本当に一生懸命に立ち向かいます。オリンピック選手が金メダルをかけた決勝戦に出るのと同じくらいの意気込みで会議に参加するのです。

その後は、C（Check：評価）と、A（Act：改善）です。スケジュールを見ながら「月曜日の会議は失敗。企画書の書き方が悪かった。今度は、こんな表を入れ込もう」などと、木曜日の会議のところに書き込みます。月曜日の会議の反省を木曜日の会議に生かすためです。

こうしたサイクルを繰り返していると、人生が本当に充実してきます。

この例で言うと、木曜日の会議の目的に「前回ダメだった企画を通過させる」と入れると、資料を作る時間も必要だと気づくでしょう。

こうして、自分の叶えたい夢のため、「何をすべきなのか？」「どの本を読むべきなのか？」と、明確なスケジュールが次々と書き込まれていきます。そうなれば、未来は大忙し。

たとえば、僕は放送作家とコンサルタント業をしています。仕事をするうえで毎日、新聞を読み、雑誌も大量に読まなければ、目的に到達できません。

そこで、スケジュールには、
・朝5時、日経新聞をチェックして、コーナー名と記者名を確認
・それを読んで作戦を立て、7時頃までにクライアントに送る
・7時からテレビ東京のワールドビジネスサテライトをオンデマンドで倍速で見て、露出ポイントを探す
などと書いています。
そんな毎日を送っています。忙しいですが、**目的が定められているので、苦になりません。**

スケジュールは未来の予言書です。
以降は、予言を実現できるスケジュールの作り方を伝授していきましょう。

やりぬくポイント
01
スケジュールはただのメモじゃない！
なぜその予定があるのかを書こう！

スケジュールには目的を書く

10時　病院

→

10時　病院で
血管を掃除する

スケジュールに目的を書いていく！

14時　企画会議

→

14時　企画会議
前回ダメだった
企画を通過させる

↓

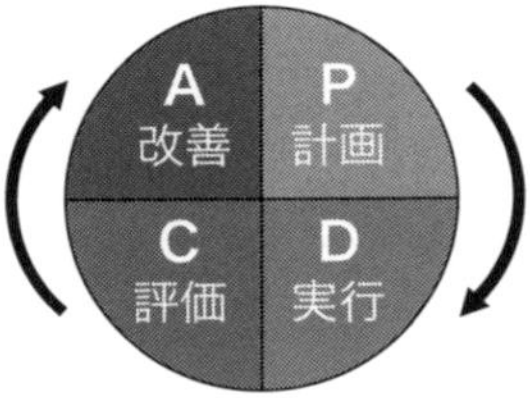

そのためには、それまでに
ダメだった理由を確認し、
改善策を練る必要がある！

**スケジュールに目的を書けば、
一つひとつに目的意識が湧いてきて、
次の行動が速くなる！**

法則 02

仕事の質が高い人は「睡眠ファースト」でスケジューリングする

僕は若い頃、徹夜の連続で不摂生でした。毎晩、朝までお酒を飲むような生活を送っていて、身体がボロボロになって大病もしました。

しかし、**「睡眠が何よりも大切だ」と気づいた40歳のある日から、身も心も僕は変わりました。**以降は、仕事もそれまで以上にうまくいくようになったのです。

時間管理がうまくいかない人は、「根性で何とかなる」などと考えがちです。

よくあるのは、「成功するまで頑張る」という考え。僕も「勝つまでやる」「成功するまでやる」と言って、「3日間徹夜でやれば成功するかも」と走り続けていましたが、それはもうやめようと思いました。

それに、**睡眠不足で本来の才能が発揮されているとは、どうしても考えにくい**です。

メジャーリーグは、東海岸と西海岸とを行き来しながら試合を行う日程が組まれています。移動時間も長く、選手にとってはかなりハードでしょう。そのため、睡眠薬などを使う場合もあるとイチロー選手がインタビューで答えていたのを見たことがあります。それくらい睡眠は大切だということです。

さらに一説によると、チェルノブイリの事故も、1997年に、ロシアの宇宙ステーション『ミール』と無人補給船のドッキングテスト作業中に起きた衝突事故も、関係者の居眠りが原因だった可能性があるそうです。

睡眠は、人間にとってもっとも重要なスケジュールだと認識しましょう。

睡眠不足は、仕事の効率にも精神状態にも影響します。

逆に、しっかり睡眠すれば、脳を休息させることができます。寝ている間に人間は夢を見ながら、脳の整理整頓をしているのです。

ですから、**まずは睡眠をスケジュールに書き込む**こと。そしてそのほかの予定は、残った時間で行うと考えます。睡眠を犠牲にしてまでやる必要のある行為はそんなにありません。

まずは睡眠をスケジュールに書き込みましょう。できればずっと先まで。

やりぬくポイント 02

寝る時間は最優先で決める！
人生を「睡眠ファースト」に変えよう

法則 03

「やり忘れ」のない人は自分を信用していない

放送作家を始めたころ、本当に暇でした。

なにせ、予定は『天才・たけしの元気が出るテレビ!!』の会議が毎週火曜日に1回あるのみ。あとは2週間に一度、収録の手伝いに行くだけでした。

そんなある日、プロデューサーにこんな言葉をかけられたのです。

「野呂くんは、暇なわけではない。芝居を観る、本を読む、ドラマを観る、テレビを観る。その全てが仕事だ」

ハッとしました。それからというもの、僕の毎日で本当に暇な時間はどこにもなくなりました。


あなたには、今やりたいことがありますか？

僕が今やりたいことは１００個以上もあり、さらに抱えているプロジェクトは80個以上。そんな生活です。

このように書くと、「自分にはとても真似できない。野呂さんが特別なんだ」と思ってしまうかもしれません。

しかし、**僕がしている工夫はそれほど高度ではありません。**やることをどんどんスケジュールに記載しているのみです。**「この時間は、この件について考えよう」「移動中にこの本を読もう」「あの人にメールを書こう」「仕事の依頼をしよう」などと、僕はいつしかスケジュールに明確に記載するようになりました。**

それが夢をかなえるための行動につながっています。

僕がやりたいことは100個以上あると述べました。その一つひとつをGoogleスプレッドシートで管理して、スマホでチェックしています。

「どんなプランが必要か?」「どんな行動が必要か?」「その結果は?」とその分析をいつも移動中に行っているのです。**夢をかなえるため、毎日PDCAを回している**といった感じです。

そして、分析をしていくと、「あ、この夢、まだ手をつけてないな」「まずはあの人に連絡をしてみよう」など、いろんな「Do」(行動)が生まれてきます。するとスケジュールがどんどん埋まってしまうのです。

さらに、「ゴミ捨て」など朝にするべきこともGoogleスプレッドシートに書き込んでいます。「あ、これやり忘れてた」などとチェックをして、行動漏れをなくそうとしています。

それでわかったことがあります。**「人間の習慣はあてにならない」**ということ。**自分を信用してはいけません。**スケジュールにすべてを書き込んでみると、「習慣」だと思っていながらもやり忘れていることが、山のようにあることに気づくはずです。人間は都合がいいようにサボろうとします。「めんどうくさい」「忙しい」とサボる理由を作ろうとします。

ですから、スケジュールで管理をすることをお勧めします。

自分でやってみるとわかりますが、夢があるとあっという間にスケジュールが一杯になります。夢がある限り、暇な時間はないのです。

やりぬくポイント
03

やりたいと思ったら、すぐに書こう！
人はあっという間に忘れます

やりたいことをリスト化しよう

アナログでの時間管理なら書き出してみる

- [ ] 将来のために仕事のブログを書く
- [ ] 話題の仕事術の本を読む
- [ ] 話題のスポット△△に行く
- [ ] 話題の映画○○を観る
- [ ] 話し方教室に行く

……

やりたいことを思いつくまま、書き出してみよう！

デジタルならGoogleスプレッドシート！

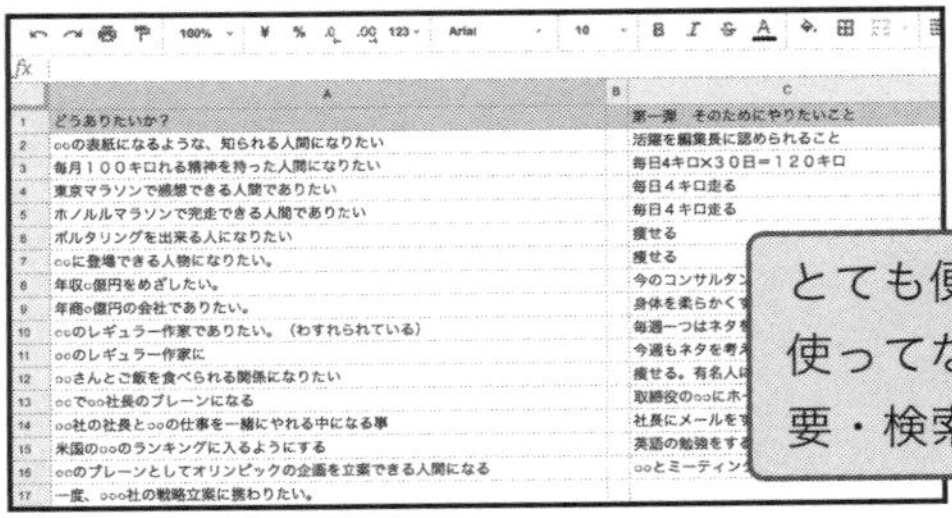

	A	B	C
1	どうありたいか？		第一弾　そのためにやりたいこと
2	○○の表紙になるような、知られる人間になりたい		活躍を編集長に認められること
3	毎月１００キロれる精神を持った人間になりたい		毎日4キロ×３０日＝１２０キロ
4	東京マラソンで[illegible]できる人間でありたい		毎日４キロ走る
5	ホノルルマラソンで完走できる人間でありたい		毎日４キロ走る
6	ボルタリングを出来る人になりたい		痩せる
7	○○に登場できる人物になりたい。		痩せる
8	年収○億円をめざしたい。		今のコンサルタン
9	年商○億円の会社でありたい。		身体を柔らかくす
10	○○のレギュラー作家でありたい。（わすれられている）		毎週一つはネタを
11	○○のレギュラー作家に		今週もネタを考え
12	○○さんとご飯を食べられる関係になりたい		痩せる。有名人は
13	○○で○○社長のブレーンになる		取締役の○○にホー
14	○○社の社長と○○の仕事を一緒にやれる中になる事		社長にメールをす
15	米国の○○のランキングに入るようにする		英語の勉強をする
16	○○のブレーンとしてオリンピックの企画を立案できる人間になる		○○とミーティング
17	一度、○○○社の戦略立案に携わりたい。		

とても便利なので、
使ってない人は、
要・検索！

アナログもデジタルもやることは同じ！
Googleスプレッドシートは
ずぼらな人にこそ、お勧め！

法則 04

スケジュールがお金を生む

僕は中学生、高校時代、人生がうまくいっていませんでした。目標も曖昧でした。「一流大学に入る」という目標しかなかったのです。

それで懸命に勉強をしたのですが、結果的には一流大学には入れませんでした。その理由は簡単。「学力を身につけるスケジュール」を構築し、実行することができなかったからです。

その事実に気づいたのは、大人になってからです。そう、**人生はスケジュール次第**と言っても、過言ではありません。

あなたのスケジュール帳には「会議」や「営業の訪問」などと書いてあると思います。

「それは本当にお金を生んでいるのだろうか？」

そこを考えてみる必要があります。

僕らは作業をしているのではありません。ビジネスをしているのです。

僕は現在、コンサルタントとして人に会う時は、1時間につき25万円のお金をもらっています。時給にして25万円。その金額を自らに課しているのです。市場の価格を上げることを今も必死でやっています。

そう考えると、全ての仕事に対して真剣になります。

だから常に、

「この会議で、日本テレビのニュースZEROが面白がってくれるネタを考え、世の中をさらに便利にし、クライアントさんをハッピーにする」

「この営業会議で5000万円の企画を通して、世の中を変える」

といった**目的と結果目標を明確に考えて、それをスケジュールに書いています。**

「早く終わらないかな」「面倒だな」という会議であってはなりません。会議の目的は会社や自分に利益をもたらすことだという視点を持ち、あなたも目的を持って会議に臨むべきです。

もちろん、会議に限らず、全てのスケジュールがそうでなくてはなりません。

そこで、あなた自身の仕事や複業のスケジュールを一度、綿密に立ててみることをお勧めします。

それは**お金が生まれるスケジュール**に変わります。

さらに、詳細なスケジュールを入れると大きく変わることがあります。「ここに、スケジュールが入るじゃないか」と気づくのです。

空いているスケジュールは、新しいチャレンジをするきっかけになります。

・新規顧客を得るための提案を考える
・新商品の企画を考える
・新しい仕事のプランを考える
・投資の勉強をする
・本を書く
・ブログを書く

何でもいいです。

「この時間でどんな収益をあげられるか？」と考えましょう。すると、さらにビジネスが加速します。

もちろん、家族との時間も明確にスケジュールに入れることが大切です。すると

「家族と買い物に行くまでの15分間、ちょっとだけ本の企画を考えるか」「企画書の冒頭部分を書くか」などと隙間時間が埋まり、「無駄な時間」が消滅します。

このようにスケジュールを入れていくと、休みや家族と過ごす時間も充実して、メリハリが出ます。

大切なのは、会議に集中すること。そのためには、**その時間を使ってどうすれば利益をもたらせるかを考えなければいけません**。

意識をちょっと変えるだけで、膨大な利益を生みます。

スケジュール管理は、お金を生む作業と考えましょう。

そのために、完璧なスケジュール管理が何よりも大切です。

やりぬくポイント 04

ただ過ぎるだけの予定などない！
価値のある時間にしよう！

法則 05

稼げる人は自分の価値を自分で決める

突然ですが、質問です。**あなたの残りの人生は何年ですか？** 何日ですか？ それとも何時間ですか？

世界的に大成功している経営者でもスポーツ選手でも政治家でも、1日は平等に24時間しかありません。

もちろん、〝うるう秒〟などもありますが、基本的には、同じ24時間です。そして、残りの人生の時間は常に限られています。

僕は、現在54歳。70歳まで活躍すると計算して、あと16年しかありません。毎日12時間働くとして、1年に4380時間。16年間だと約7万時間しかありません。

その一方でやりたいこと、やらねばならないことは山のようにあります。今コンサルティングに携わっている企業を、大成功に導かなければなりません。

さらに、僕のコンサルティングを待っている企業もあります。そのために、速度を上げなければなりません。企画したいテレビ番組も、書きたい本もたくさんあります。

さあ、あなたには何時間残っているでしょうか？ 残された時間で何をなし遂げたいと思っていますか？　ぜひとも書き出してみましょう。

僕は、やりたいことのリストをGoogleスプレッドシートに書き出しています。願望の数はなんと、１００以上です。願望を実現するために、年単位のスケジュールを埋めています。

そして、**大事なのは、時間が全てだということ**です。そのため、必要なら時間をお金で買いましょう。自分で料理を作るよりも、お惣菜屋さんで買ったり外食したりしたほうが早ければ、早いほうを選びます。

タクシーのほうが30分早く目的地に着くのなら、地下鉄の何倍もの金額を使ってタクシーで移動。時にはそんな判断も必要です。

そんな考え方をするために必要なのは、**自分の時給を決める**ことです。と言っても、今やっているアルバイトが時給１０００円だから、月給が30万円だから……という計算をするのではありません。その時給は他人が決めたあなたの価値にすぎないからです。

そうではなく、**自分の価値は自分で決めましょう。**あなたの価値はあなた自身が決めればいいのです。

将来、どのくらい稼ぎたいかで決めてもいいでしょう。

ちなみに僕は、時給25万円で考えています。すると、1万円の仕事、3万円の仕事をしていると、1秒でもそれを早く終わらせようと考えます。

また会議の時にも、「ヒットのアイディアを出さなければ」と懸命にいろいろな考えを相手にぶつけます。

常に時計を見ましょう。時は金なり。時間を優先すると仕事量が倍増し、成功率も急上昇します。

やりぬくポイント
05

あなたの1時間はいくら？
自分の価値を考えよう！

仕事で成果をあげるには……

①自分の残り時間を書く

残り□年 × 24 時間（1 日）＝□時間

時間は有限であるという事実を噛みしめよう！

②自分の時給を書く

私の時給は、□円！

週 5 日 9 時～18 時勤務、ボーナスなしの場合、年収 1,000 万円は時給約 4,208 円

あくまで自分の評価で決め、それに見合う仕事を心がける！

③やりたいこと、成し遂げたいことを書く

（例）
・来年の春にハワイに行く
・上手な話し方を身につける
など

なし遂げたいことなので大きめな目標でかまわない！

①～③を実際に書いてみよう！

法則 06

あと半月で死ぬと思えば、思考も行動も加速する

あなたがもし、漠然と「いつかハワイに行きたいな」と思っていても、「いつか」の時は永遠に訪れません。

さあ、今すぐに、旅行代理店のサイトで申し込みをしましょう。「いや、思っただけなんですよ」と言うかもしれません。しかし、もし「半月で死ぬ」ならどうでしょうか？

僕だったら「明日からハワイのオアフ島に行って、リモートで会議に参加して3日後に東京に戻ってこよう」と思います。アシスタントに「今すぐスケジュールの調整を」と頼むでしょう。通っている歯医者もやめます。

なぜなら「半月後に死ぬから」です。治療は無駄です。

人生には常に取捨選択がつきまといます。時間が有限だと考えると、非常に行動のスピードが速くなります。

時間が無限だと思っていると、人生がずっと続くと勘違いをします。永遠に続くと思っていると、いつまでもスタートができません。

財布に入っているお金と一緒です。財布の中に3万円ある時と、1000円しかない時とでは、考えることが全然違います。

「地下鉄に乗れるだろうか？」
「ランチは食べられるだろうか？」
「夕飯は80円ですませようか？」

など、いろいろと考えます。それは、所持金が有限だからです。有限になってくると、10円単位の出費でもちゃんと考えながら生活をするようになります。それと一緒です。

人生があと100年あると思っているのと、あと半月しかないのとでは全然違います。**半月しかないとなると、小さな行動も変わります。**

「お寿司は大好きな中トロから食べよう」となるかもしれません。美味しいものは最後の楽しみに残しておこうなどとは思わないはずです。

中トロが好きなら、お寿司屋さんのカウンターで「中トロ10個」と注文するかもしれません。

大好きな女優さんとデートをするための手立てを真剣に考えるかもしれません。やりたいことを実現する方法について真剣に考えるはずです。

たとえば、

・仕事の優先順位は大切なものから
・お金になる仕事から手をつける
・１秒でも早く現金化できる仕事を選ぶ
・会いたい人に連絡してランチする
・本を書きたいならすぐに書き始める
・明日から旅に出る

など、いろいろな行動が変わるはずです。

さらにそうなってくると、気の持ちようも変わります。

「何かあった時のために備えよう」などと思わなくなります。

保険に入るのもやめるかもしれません。

さらに、「もし年金がもらえなくなったら」などと余分な心配をしなくなります。

そう、未来の不安が一気になくなるのです。


つまり、1時間1時間を必死に生きられます。

実は、今もそうです。

僕もこの本を書きながら「もうすぐ死ぬかもしれない。この僕のテクニックを1人でも多くの人に伝えてから死のう」などと思いながら、必死にキーボードを叩いています。


そう、**必死に生きるようになるのです。**

すると、さらに精神的にもいい変化が起こります。それは「妥協しなくなる」ことです。

僕に限らず誰でも妥協の人生があると思います。それがなくなり、充実します。ものすごい濃密さの、充実した人生が広がります。

さあ、残り半月の命だと思って計画を立てましょう。多分今までの8倍以上の充実感を得られます。

やりぬくポイント

06

人生は無限には続かない
時間と真剣に向き合おう

第1章

やりぬくポイント

やりぬくポイント01　スケジュールはただのメモじゃない！
なぜその予定があるのかを書こう！

やりぬくポイント02　寝る時間は最優先で決める！
人生を「睡眠ファースト」に変えよう

やりぬくポイント03　やりたいと思ったら、すぐに書こう！
人はあっという間に忘れます

やりぬくポイント04　ただ過ぎるだけの予定などない！
価値のある時間にしよう！

やりぬくポイント05　あなたの1時間はいくら？
自分の価値を考えよう！

やりぬくポイント06　人生は無限には続かない
時間と真剣に向き合おう

第2章

目的をやりとげるための
スケジュールの法則

法則

07

10年先の予定まで決めている

この原稿を書いている時、僕はスケジュールに次のような内容を書き込みました。「今年3月、ベンツの新型を注文。来年1月の31日に納車」。つまり、1年先のスケジュールを入れているのです。

今年の夏のスケジュールも、来年の冬の予定もすでに書いてあります。来年の12月のジムのトレーニングのスケジュールも書いています。

「一体どんな手帳になっているのか？」と思うかもしれませんが、僕はGoogleカレンダーを使ってスケジュール管理をしています。デジタル管理です。

というのも、**設定次第で「毎週月曜日の8時はジム」と繰り返しで入力できるからです。非常に楽です。10年先のスケジュールも決められます。**僕のようにズボラな人は、デジタルでの管理がいいでしょう。

デジタル管理だと、祝うべき友達の誕生日も永遠に記載できます。こうすれば忘れてしまう危険がなくなり、便利です。

では、なぜ長期間のスケジュール管理が大事なのでしょうか？

それは、今の自分ではできないような「やりたいこと」をなし遂げるためです。そのために必要なものに意識を向けていけば、スケジュールがどんどん決まっていきます。と同時に、仕事や行動一つひとつの目標も明確にできます。

たとえば、もし起業を志しているのなら、「起業の知識を蓄えるために、●月からはじまる起業セミナーに参加する」や、「それまでに●●円が必要だから、いつまでにこんな副業を探す」とスケジュールを組む、という要領です。

僕がそんな考え方をし始めたのは大学生時代です。自慢ですが僕は大学生時代から月収が100万円以上ありました。

「クルマがほしい」「携帯電話がほしい」「旅行に行きたい」「事業をしたい」など明確な目標を立てて仕事をしていました。

そして、その時に常に「あと5万円足らない」「あと20万円稼げる仕事をしなければいけない」とパソコンに打ち込むことの大事さに気づきました。**実際にそうやってスケジュールに書いていけば、そこに意識を向けて行動できるのです。**

今も半年先、1年先、2年先の売上予想を見ながら「ここで100万円足らない」「ここで何か大きなステップアップが必要かも」と思って企画を考えています。

あなたも未来のスケジュールを入れてみましょう。

遠い未来のスケジュールを入れる。そして足らない部分を補填していく。スケジュールが決まれば、お金が必要かどうかという分析もできます。

さあ、僕はベンツのために1000万円用意する必要があります。さらに頑張ります。

やりぬくポイント
07

未来の「やりたいこと」までスケジュールに入れよう！
実現のために必要な行動が見えてくる

未来のスケジュールを立ててみる

期日までに叶えたい願望を事前に書いておく

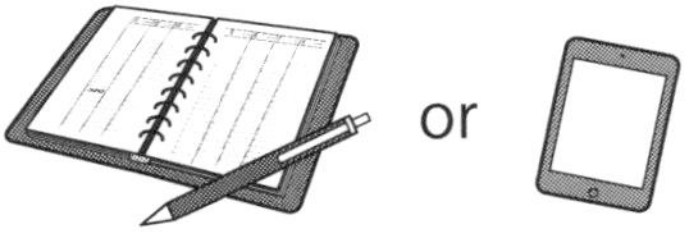

（例） 2022年4月1日　恵比寿に引っ越す

2022年7月1日　独立起業する

そのためにやるべきことと、いつやるかを書く

- ☐ 物件を2021年10月1日から探す
- ☐ 起業セミナーに2021年7月から通う
- ☐ 簿記の勉強を2021年1月から始める

……

未来のスケジュールから、やるべきことを書き出してみる！

法則 08

「インプットの時間」も確保している

仕事をするうえで、最新のニュースや情報を仕入れる必要がある人もいるでしょう。そのインプットの時間もスケジュールに入れることが大事です。

僕のスケジュールには〝5時　日経新聞を読む〟と書いてあります。その他にも〝7時ワールドビジネスサテライト（WBS）を見る〟と。

僕は23時には寝てしまうので、テレビ東京のワールドビジネスサテライト（WBS）を観ることができません。ですからビジネスオンデマンドで見ています。ビジネスオンデマンドなら倍速で観られるので、半分の時間で内容を把握できます。

その他にも、次のように書いてあります。

・水曜日の午前5時半　ガイアの夜明けを観る
・金曜日の午前5時半　カンブリア宮殿を観る
・月曜日の13時　雑誌アエラをチェック
・毎日9時　dマガジンをチェック

そう、オンデマンドで番組を観る時間も書いています。

「なぜ朝か？」

それは、当日の会議で番組の内容が話題に出る場合が多いからです。そのときに「昨夜は観てません」というのでは話になりません。

そのため、必ず翌朝観ます。本当は、毎晩リアルタイムで観るべきですが、会食があったり、お風呂に入っていたりして無理なので、翌朝に観ています。

月曜日の13時には、雑誌のアエラを読みます。アエラは情報の宝庫で、情報収集をさらに加速するのに適した媒体です。

だから絶対に読みたいのですが、デジタル版はアナログ版よりも数時間、遅いのです。だいたい12時頃配信されます。だから13時にチェックするようスケジュールに書いています。15分もあれば一冊読み切ってしまいます。

そして、僕が毎日欠かさず読むdマガジン。これはドコモが提供している雑誌読み放題サービスです。ａｕもソフトバンクも同様のサービスを提供しています。

僕の仕事の一つは、情報をできる限り多くインプットすること。そして、得た情報を頭の中でシャッフルする必要があります。

「新聞を読む、テレビを観る、雑誌を読むなんて、いちいち書いていられない」

そう思うかもしれませんが、大きな間違いです。

たとえば「映画スターウォーズを観る」となると、映画館をチェックして予約すると思います。

「当然じゃん。映画だし」と思われるかもしれません。しかし、映画もテレビ番組も雑誌も一緒です。アーティストのコンサートの予定を記入するのと、ＷＢＳを観る時間を書くのは、僕にとっては一緒です。忘れたくない予定なのです。

何度も繰り返しますが、**スケジュールは未来を構築する非常に大切なもの**。テレビを観る時間を書き込まないと、ダラダラとムダに時間を浪費しかねません。僕は自分を信用していないのです。

つまり、**その時間にやるべきことは、何でもいいから書き込むのです**。それがズボラな自分を目標へと動かす〝仕組み〟となります。

また、Googleカレンダーで設定すれば、何年も先まで簡単にスケジュールを入れ込めます。永遠に入れることも可能です。

最近、大きく変わったことがあります。それは配信時間を知ることです。日経新聞は午前4時過ぎには配信されます。dマガジンは、朝の9時頃には新刊が揃っています。

そしてアエラは月曜日の昼過ぎ。テレビ東京のオンデマンドは生放送放送後1時間程度でアップという感じです。

デジタルになってスケジュールの作り方に変化が生まれました。

だから、テレビを観る、本を読むということもスケジュールに入れ込みましょう。するとその目的が明確になっていきます。明確になると読み方が変わります。集中してガツンと読めるようになります。さあ、スケジュールに書き込みましょう。

やりぬくポイント
08

スケジュールに例外なし！テレビも読書もすべて書き込む

法則 09

家族との時間は「スキマ時間」にしない

なぜ、あなたは懸命に働くのでしょうか？

その理由の一つに家族もあるはずです。それをいつの間にか忘れていませんか？

そう、**スキマ時間に家族と過ごすのではありません。家族との時間も仕事同様、立派なスケジュールです。**

朝ごはんを一緒に食べる、夕飯の買い物に一緒に行く、散歩をするなど、どんどんスケジュールに入れましょう。

そして次に大切なのは、家族に「打診する」ことです。

前のページで、「寿命があと半月だったら」と考えよう、と述べました。「もし、あなたの命があと半月だったら」だけでなく、「大切な家族の命があと半月だったら」と考えてみましょう。

この世の中に「当たり前」というものはありません。**家族と朝ごはんを食べるのも当たり前と思ってはいけないのです。**

先方である家族にも予定があるかもしれません。「次の水曜日の夜、一緒にご飯食べない？」「家でもいいし、外食してもいいし」と誘ってみましょう。

すると、反応が返ってきます。そして、調整がつけばスケジュールに入れるのです。家族の誕生日、結婚記念日など、何でもスケジュールに入れていきましょう。面倒かもしれませんが、**仕事のスケジュールを入れるように家族との時間も調整していきましょう。**

ちなみに、僕はタクシー移動の時間のところに「母に電話」と書いてあります。夕方の時間帯でタクシーに乗ることがあれば、その間、5分でも10分でも電話をかけます。スケジュールに入れておかないと、コミュニケーションをとるのを忘れてしまうからです。

そしてスケジュールを見渡すと、「今週は電話する時間がないな」と一目瞭然になります。そこで「よし、木曜日のここで電話できるな」と電話をする時間を入れ込みます。

そう、**スケジュールは入れるだけではダメです。毎日必ず見ましょう。**できれば今週だけでなく、来週のスケジュールも見るようにしましょう。

そして「家族と過ごす時間が少ないな」「ランチを一緒にできるかもしれない」「ここは今から休み」と決めてスケジュールに書き込むのです。

もしかすると仕事よりも大切な家族。そんな家族を粗末にしないためにスケジュールに入れ込み、分析をします。仕事の量を減らさず、所得も減らさず家族との時間を作る努力は、非常に大切です。

あとは、習慣化することです。

毎日親に電話やLINEをすると書いておけば、するようになります。「話す内容がない」「書く内容がない」と思うかもしれません。それならランチの話や、気候の話でもOKです。

習慣にすれば本当に小さなことでも話せます。

そして実行してみるとわかることがあります。

「スケジュールが結構いっぱいだ」という事実です。

「家族と一緒に駅まで行く」「旅行について話し合う」「お小遣いＵＰの交渉をする」「子供の進路について話し合う」「スーパーへの買い物につき合う」など、書き込みましょう。

そうすると、何とも家族との時間が充実します。〝スターバックスに誘ってみる〟だけでもかまいません。するとスケジュールがどんどんいっぱいになります。

仕事や遊びだけではなく、家族とのスケジュールも書き込むことが大事です。あなたの大切な未来が明確になります。何度も言います。**暇つぶしのために家族がいるわけではありません。**

やりぬくポイント
09

家族との予定も仕事同様にスケジューリング！予定が埋まるほどに家族との時間が充実する

法則 10

すべて特別な出来事だと思っている

「スケジュールに当たり前はない」

というのが僕の持論です。ジムへ行く、夕飯を食べる、会議に参加する……ルーティーンというか、当たり前はないと思っています。

今朝も朝日を見ながら、「今日も日が昇ってよかった」などと思ったりもしています。そう、当たり前がないのです。全てが特別な出来事です。

家族がいるのが当たり前。朝起きたら生きているのが当たり前、と思っていませんか？ そんなことはありません。

何があるかわかりません。東日本大震災以降は、特にそう思っています。災害で家族を失うことはなきにしもあらず。可能性はゼロではありません。

「母の日」「父の日」が特別なわけではありません。毎日が母の日で父の日で子供の日です。今日も元気だ、今日も健康だという事実をお祝いし、精一杯できることをしましょう。

だから、スケジュールに入れるのです。家族とご飯を食べる、外食をするなら何を食べるかなども、とにかくスケジュールに入れて行きます。食べたものを入れておくと、スケジュールを見返した時、「あ、妻がこのレストランのパスタを美味しいって言っていたな」などとわかります。

また、**頻度もわかるので、バランスを考えられます。**「またこの店？」などと言われなくなるのです。

そう、スケジュールに入れることで、

・この週は○回、和食を食べた
・この週は一緒にコーヒーを飲んだ
・最近映画を一緒に観ていない
・この週は一度もゆっくり会話をしていない

などと気がつき、次の対策になります。

さあ、思い出しましょう。

「なんで結婚をしたのか？」「なぜ付き合い始めたのか？」「子供の頃、親のことが大好きだったのではないだろうか？」

そんなことを思い出しましょう。

初心に帰ると、いろいろなことを思い出せます。「好きだ」「相手に喜んでもらいたい」と思っていたはずです。それを思い出してスケジュールに書き込んでいきましょう。

もしかしたら、皆さんの中には、今、家庭がうまくいっていない人もいるかもしれません。**それなら、「どんな未来を作りたいか？」「どんな関係を作りたいか？」「家族がどんなふうになると自分は幸せか？」など「こうありたい」を考えればいいのです。**

そう、あなたが望む家族像を設計し、それを実現するためのスケジュールを入れればいいのです。

万一「離婚したい」「別れたい」「縁を切りたい」なら、それはそれで計画を立案して実行すればいいと思います。

大切なのは、あなたが幸せになるかどうかです。あなたのスケジュールはあなたのもの。あなたがどんなふうに幸せになりたいかを考えて、行動に移せばいいのです。

僕は今、「土曜日の夜18時から並木橋で和食」「日曜日の夕方、食材を買って自宅で鍋」と記載しました。それもスケジュールです。

仕事の方が家庭よりも大切だとか、優劣をつけられるものではありません。ある意味、平等なのかもしれません。

だから仕事のスケジュールを入れるように、プライベートのスケジュールも入れればいいのです。すると、仕事も家庭もうまくいくようになります。

決して家庭やプライベートを犠牲にしてはいけません。最優先事項だと思います。

やりぬくポイント
10

あなたの望む家族のあり方は？
目指す姿に向けた行動をスケジュールに書く

法則 11

ビジネスランチを付き合いじゃなく「勝負」に使う

あなたはビジネスランチの時間をどう活用していますか?

仕事で成果を上げるためにも、ランチの時間を有効活用することをお勧めします。

僕にとっては、**ビジネスランチは腹ごしらえだけではない、チャンスの時間です。**

たとえば、今日はある情報雑誌の副編集長と、銀座のお鮨屋さんでランチです。そのスケジュールのメモには、こう書いてあります。

①クライアントA社の情報を伝える
②クライアントB社の社長をコラムで取り上げてもらうため、資料を渡す
③僕の本がブレイク中なのを伝える。書評で紹介してもらえないか相談する
④編集会議でどんなネタが議論されているのか探る

と4項目、記載してあります。

僕は毎週月曜日から金曜日まではランチミーティングを入れています。相手はメディア関係者から会社経営者まで、仕事で関わりのある人と食事をしながらミーティングをしているのです。

①御社の広報が、もうちょっとこうすれば良くなる、と伝える

②インタビュー時の社長のシャツ、ネクタイが好印象ではないことを伝える
③ブログに書いている内容に関してアドバイス
など、経営者には直接いろいろなアドバイスをしています。


つまり、お金を生むランチなのです。ランチの値段が1500円で2人で3000円でも、数千万円に変えるのが僕の目的です。

何が言いたいのかと言うと、**ランチの前に目的を決めなければならないということです。**そして、「美味しいご飯を食べる」というのは、目的に入っていません。

もちろん、家族や恋人との美味しいランチは美味しくて楽しければいいのですが、ランチミーティングは仕事です。完璧でなければなりません。

場所も重要です。

・テーブルが広い
・スマートフォンの電波状態が良好である
・コーヒーの用意がある

・できれば冬場にコートを預かってくれる
・気楽に箸で料理を食べられる
・交通の便がいい
・タクシーが拾いやすい

僕の経験上、これらの条件が合っているところが望ましいのです。

紙の手帳なら詳細を書くようにしましょう。Googleカレンダーにお店のＵＲＬや地図を入れ込んでおけば、クリック一つで、会食の場所を確かめられます。

デジタルのカレンダーで忘れてはいけないのは、リマインダー機能です。次の場所に応じて「今出ると……11時50分までに到着します」などと教えてもらえるので、面倒くさがりにはお勧めします。

ランチは勝負だ。そのためにスケジュールを見て準備しましょう。

やりぬくポイント
11
ランチはお金を生む！
目的を明確にして完璧に実行しよう

ランチミーティング前に考える３つのこと

①何を目的にするのか？

（例）相手に提案を快く応じてもらう
企画書のフィードバックをもらう
大きなプロジェクトの相談にのってもらう
……

②どこで行うのか？

（例）お互いストレスなく、話に集中できる場所
立地がよく、迷いにくそうな場所
電波状態が良好な場所
……

③いつ移動すればいいのか？

（例）電車の遅延などもありえる。
20 分前に着くようにしておく
……

ミーティングの予定が入ったら、
この３つをしっかりと考えておこう！

法則 12

「歯を磨く」ではなく「プラークを取り除く」と書く

僕のスケジュールには、22時30分に「お風呂」と書いてあります。朝の7時にも「お風呂」と記載しています。そう、**暇な時間にお風呂を入るのではありません。**

既に述べましたが、僕は23時には必ず寝るようにしています。となると逆算してお風呂に入る時間は、22時30分。そこから逆算して22時には帰宅と、これまたスケジュールに書いてあります。

だから会食をしても二次会に参加することはなく、21時頃には帰ると決めています。以前は朝まで酒を飲んでいたのですが、40歳を超えた頃から急に身体に気を使い始めました。

お風呂も、22時30分から20分間と決めています。お風呂にスマホも持ち込みます。スマホにお風呂でやらなければならないことが入力されているからです。

・電動歯ブラシでプラークを取り除く
・歯間ブラシでプラークを取り除く
・糸ようじを使ってプラークを取り除く

と書いてあります。

スケジュールに書ききれないので、「夜にやること」というスプレッドシートを確認しながら、やり遂げます。人は、言語や文字を使っていろいろなことを決めているため、**僕は「歯を磨く」という言葉を使いません。磨いているわけではありません。**

よくよく考えてみると、歯磨きをするのは、虫歯の原因となるプラークを完全に取り除いて虫歯に備えるのが目的です。

だから「プラークを取り除く」とスケジュールに記載しています。

目的を言語化することで、正確に物事を実行する癖がつくのです。繰り返しになりますが、スケジュールは目的が明確でなければなりません。

夜のお風呂は身体を温め、汚れをとることを目的にしています。以前はその目的も書いていました。朝のシャワーは汚れをとるのと、髭を剃るのが目的です。今は習慣になっているので、そこまでは書きませんが。

しかし、歯磨きは上手にできず、いつも歯医者さんで「プラークが完全にとれてませんね」と注意されるので、**正確な日本語を書いて、自分に正確な行動をさせようとしています。**

その他に記載しているのは

- 鼻うがいをして、鼻腔をキレイにする
- 耳掃除
- 鼻毛カットをして、不快にさせない
- 整髪
- 夏なら日焼け止めを塗って肌をメンテナンス

など、行うことを細かく書いています。

僕はズボラです。そのため、細かく書くことで、行動ができるようになっています。**行動するための〝仕組み〟というわけです。**そうでもしないと、今頃僕の仕事は成り立っていなかったでしょう。

だからお風呂の時間も正確に書くのです。

さらに、お風呂に入って20分後。今度は睡眠のリマインダーがiPhoneから呼び出されます。

「さあ、寝る時間だ」とお風呂から上がり簡単に掃除をして、そのまま寝ます。

そう、**行動の全てはスケジュールにあります**。それを忘れないのです。

やりぬくポイント
12

正確な言葉が行動につながる
あいまいな言葉は使うな

法則 13

寝るためのアラームがセットされている

「眠たくなったら寝ればいいじゃん」と思うかもしれません。以前の僕もそうでしたが、今の僕は違います。睡眠は人生の中心にあります。

それくらい重要なものだと考えて生活をしています。

僕のスケジュールの23時から翌日4時半までが、睡眠の時間です。それを毎日、記載しています。Googleカレンダーなので、一度設定すればずっと繰り返す設定にできます。

Amazonの創設者であるジェフ・ベゾスは、毎日8時間寝ると言います。それくらい睡眠を大切にしているのでしょう。

僕もその考えに同意します。睡眠は人生の中心にあると言っても過言ではないくらい、大切にしています。というのも20代の後半の時、睡眠不足で倒れた経験があるからです。この時、本当に死ぬかと思いました。

また以前、構成をやっていた日本テレビの「特命リサーチ200X」という番組で睡眠不足の回の台本を書いたことがあります。睡眠不足が人命に関わるさまざまなトラブルの原因だと、その時に強く感じました。

僕の仕事は人の命に関わりませんが、判断力とクリエイティビティが本当に重要な仕事です。脳が働かないと失業してしまいます。

なので、ちゃんと寝ようと決めたのですが、気がつけば深夜まで仕事をしていたり、本を読んでいたりして、睡眠不足になりがちでした。

すると、判断力が鈍ってきたり、さらに昼間も眠くなったりして効率が悪くなってしまったのです。

そこで、無理やり寝ようと決めて、スケジュールに書くようにしました。実は鉄道員やパイロットも、そんなふうにスケジュールに書いて、管理しているそうです。

スケジュールに書けば、寝るのを忘れることもありません。22時に帰って、22時半にはお風呂に入ります。そして、23時には無理やりベッドに入るスケジュールにしたのです。

ちなみに僕は今、iPhoneアプリの「ベッドタイム」を活用し、睡眠を確保していま す。どんなに忙しくても、トラブルがない限り23時に寝てしまいます。

22時半には、アプリから「就寝の準備をしましょう」とお知らせが来るので、パソコンを閉じてお風呂に入り、寝る準備をします。

さらにベッドに入ると、iPhoneのアプリ「Sleep Cycle」を使って設定しています。90分の眠りのサイクルやイビキをかいたかどうか、チェックしています。できる限り深く眠るように努力もしています。


そう、睡眠を馬鹿にしてはいけないのです。人間にとって非常に大切なのです。もしかすると、仕事やご飯よりも大切かもしれません。

一説には、睡眠不足は死を招くとも言われます。睡眠は本当に大切です。**ですからベストな環境でベストな睡眠をとるために、ゆっくり寝るのです。**

また、**徹夜をなくすと仕事を短時間で済ませようという知恵が湧いてきます。**

それも僕の中では重要です。

だまされたと思って、寝る時間を決めて、スケジュールに睡眠と書きましょう。それは人生を大きく変える日です。健康な身体を保ち、ビジネスの成功にもつながるでしょう。

やりぬくポイント
13

寝る時間は先に決めよう！
睡眠ファーストで仕事の質も上がる

法則 14

遊びにも残業はない

人生には、リラックスする時間が必要です。当然と言えば当然です。僕も楽しいひと時をたくさん過ごしています。その一つが、友達とのかけがえのない時間です。

でも、意志の弱い僕は何度も大きな失敗をしました。

以前、こんな出来事がありました。その日は、何が何でも原稿を書かなければならない夜でした。**でも友人から「野呂さん、飲まない？」と誘われて、思わず「いいよ」と返答。そして居酒屋へ。そんな経験、あなたにもありますよね？**

そう、僕は、原稿を書くというスケジュールを曲げてしまったのです。その後、誘われるがまま2次会に参加。気がつけば午前3時で、僕自身も結構疲れてしまって自宅で爆睡。

結果、原稿が締め切りに間に合わず、多くの人に迷惑をかけました。

以前の僕がこのような失態を犯したのは、一度や二度ではありません。友情に負けてしまうのです。特に遠くから来た人から声をかけられたら、「せっかくだから」とスイッチが入ってしまい、会いに行ってしまいます。
もちろん、断ることもできます。でもそれは僕の中ではちょっと残念な気持ちになります。

この一件で僕は2つのミスをしています。

一つは、原稿を書く時間をスケジュールに書き込まなかったこと。
よくある話だと思います。多くの人は会議など、第三者が関わる予定はスケジュールに書き込みますが、作業はあまり書き込みません。
30代の頃はそのせいで多くの失敗を繰り返してきました。

しかし、40歳になって改善をしました。

・テレビ番組の原稿を書く
・ナレーションの原稿を書く

・コンサルティングの戦略を立案する
・メールの返答をする
などの時間を明確に書くようになりました。

効果は抜群でした。それまでの数倍の量の仕事ができるようになったのです。会議ではない作業もスケジュールに入れたので、アシスタントもそこにスケジュールを入れたりしなくなって作業が捗るようになりました。


そして2つ目のミス。

それは「友達と会う時間を明確にしなかった」ということです。

急な誘いでもできる限り対応したいというのが人情です。しかし、僕は1時間のみならず朝までつき合い、全てを駄目にするという失敗をしてしまいました。

そう、そこで問題なのは、**「友達と会う」「仕事もする」という、「二兎とも追う」という欲張りな選択肢です。**

そこで僕が考えたのは、**急な誘いでも、友達と会う時間をスケジュールに書くということです。２時間、90分などと明確に書くのです。**そして、その後に「原稿書き」とスケジュールを入れます。

多くの場合、90分ぐらいの面会ならなんとかなります。場合によっては、30分間お茶をするくらいなら、何とかなることもあります。そういった場合に、友だちと会う時間を明確にするのです。

失敗の原因は遊びすぎ。適度に友達と会ったりするのは悪くありません。何よりもスケジュール管理が大切なのです。

さらに、誰とどこで会ったのかを明確にするためにスケジュールに詳細を書き込みましょう。そうすれば備忘録としても完璧です。

事件に巻き込まれてアリバイを立証する必要が生じる……そんなハプニングが起こる確率は非常に低いですが、領収書の整理などをしていて、誰とどこで会ったのか思い出せないような時はよくあるはず。そうした際にスケジュールが役立つのです。

また、Googleカレンダーの場合は検索もできますので、「何年ぶりに会う」などの計算にも一役買います。

さあ、友達との楽しい時間にもリミットを。

友情も仕事も両方手に入れましょう。

努力すれば、たった30分しか時間がなくても相手は納得します。

やりぬくポイント
14

急な誘いでも必ずスケジュールに書く！
短時間しか過ごさなくても友達はいなくならない

友達との時間も有効活用！

友達との時間を楽しんで
明日や次の予定を
犠牲にしていないか……

↓ こうならないように……

友達と会う時間を決める

（例）次の予定も考えて、別れる時間を決めておく
後ろに予定が入っていることを相手に伝える

友達と会う後に仕事の予定を入れておく

（例）緊急で入ったとしても次の予定を必ず入れる
名残惜しくても時間が来たらサッと別れる

友達も仕事も両立させるためにも、
仕組みを作ろう！

法則 15

書きもの仕事はまず「ちょっとだけ」手をつける

今のあなたに、「やばい、できてない」という仕事はありませんか？

以前の僕には、毎日のようにありました。「忙しいんだから仕方がない」と思っていました。

でも現在は、その当時よりも大量に連載を持っています。

現在は月に5本の連載を抱えていて、メルマガやWeb媒体などを合わせると10本を超えてしまいます。以前は当日に催促をされる場合が多かったのですが、今は3段階です。

スケジュールには、**早めに連載を書く時間を明記することがほとんどです**。僕はだいたい1時間で1500文字を書くので、水曜日の6時から7時で日経MJ原稿、などと書いておきます。それまでにネタを用意しなければならないので、ネタを提出する締め切りをさらに設定しています。

すると、締め切りまでに原稿を書けるようになりました。以前は、当日の夜までかかっていたのですが、今は午前中に送れるようになりました。

ポイントは「ちょっとだけ始める」スケジュールを入れることです。どの仕事もゼロから1を踏み出すのは本当に大変です。なので、原稿や企画の頭の部分だけ先に書きます。

しかし、**1歩目を踏み出してしまえば、2、3……っとゴールを目指しやすくなります。**少し進めたらパソコンに保存し、気になった時にまた書けそうな部分を書けばいいのです。

また、原稿をメールで送る時間をスケジュールに書くのも癖です。月曜日が日経MJの締切なのですが、月曜日の10時に送信と記載しています。

その前にちょっとだけ読んで、それでOKであれば送ります。

そこまでやっておけば、原稿を落とすことはありません。

締め切りギリギリになると原稿のクオリティも落ちます。僕は新聞記者やテレビのニュース原稿を書く記者ではないので、時間ギリギリのところで勝負はしません。エッセイやコラムなので、それで大丈夫です。

もちろん、多少内容が変われば、原稿もギリギリまで頑張ります。分単位で微調整をする原稿も、もちろんあります。しかし、それによって原稿のクオリティが高まると思う場合だけです。

皆さんも、仕事で書類を書くことは山のようにあると思います。そんな時はできる限り、最初にちょっとだけやる。そして移動中やちょっとした時に考える。

最終的に原稿を書くためにキーボードを叩くのは作業と割り切りましょう。

書きものをする時に心がけていることがあります。以前は「仕事だ！」と思っていたのですが、今は大きく違います。

この情報は必ず誰かの心を動かし、世の中をもっと面白くするに違いない、と確信して書いています。

やりぬくポイント
15

文章は冒頭から書き始めない！書ける部分から手をつけよう

締め切りをすべて書く

一つひとつの仕事の締め切りを確認する

新商品の企画提案書
6月1日締め切り

一つひとつの仕事を小さい仕事に分解する

新商品の企画提案書 → データ収集 / キャッチコピー / 提案書作成

その仕事を入れられる時間帯を探す

データ収集 → 5月10日13：00～14：00
過去商品や類似商品の売れ行きを見ておく！

キャッチコピー → 5月15日10：00～11：00
待ち時間、すき間時間でも案を考えておく！

提案書作成 → 5月17日10：00～11：00
冒頭から書き始めず、書けるところから進めていく！

一つひとつに締め切りを書くことで
納期を遅らせずに進められる！

法則 16

情報に対して「超ケチ」になる

僕のスケジュールの中には、あまり他の人が書いていない内容があります。
まずは、前のページでも述べたように、毎週火曜日の22時「ガイアの夜明け」、毎日午前7時「ワールドビジネスサテライト」をビジネスオンデマンドで観る」といったスケジュールです。

しかし、それだけではありません。

その他にも

・5時には日経新聞（オンライン）
・月曜日「日経ビジネス」「ダイヤモンド」「アエラ」「東洋経済」
・移動中には「クーリエ・ジャポン」「東洋経済オンライン」「アドタイ」（宣伝会議）
・毎月24日には「レオン」「GQ」などのメンズファッション雑誌
・毎月末日には「広報会議」「宣伝会議」「ブレーン」などの業界雑誌

などと書かれています。

「雑誌なんて、目についた時に読めばいいいじゃない」

そう思うかもしれませんが、大きな間違いです。情報は一秒でも早く手に入れるべきです。

その他にも、「移動中にｄマガジン」と書いてあることもしばしば。iPadやiPhoneを活用して、ｄマガジンの「新着雑誌」を全部読みます。過去の号は無視して、当日に発売された雑誌のみ。流し読みです。

それで気になる記事はチェックしておきます。

読みながら思い浮かんだアイディアはすぐにiPhoneのメモに記載します。時には、雑誌のページ数を書いておき、後からチェックし直したり、スクリーンショットをとって活用することもしばしばです。

放送作家にとっては情報が全てです。**情報がどんどんビジネスの成功につながっていく職業です。**それだけに、情報集めに力を入れるのです。

さらに、僕は超ケチです。多分ですが、日本一ケチなのではないでしょうか？

雑誌を読んだら、そこから成果をあげないと気がすみません。

さらに、毎日読んでいる日経新聞やＮＨＫやテレビ東京のオンデマンドも投資と考えます。

すると、投資からリターンを得るべく懸命に努力をするのです。そう、**情報をどん**

どん成果に変えるのです。

あなたも、情報を成果に変えるという視点を持ってみたらいかがでしょう?

そうすると、**セールストークの一つとしてこの情報が使えるとか、一つのニュースから人の需要はこう変わってくるのではないかとか、思った以上に情報がお金に変わるものだと実感するでしょう。**

ただ、必ずしもお金に変える必要はありません。人に喜んでもらえる、打ち合わせが盛り上がる、褒めてもらえる、笑える、そういうことも成果です。家族から「よくそんなことを知っているね」と言われるのも成果です。

情報に対しては**ケチになりましょう。**すると、自然と一秒でも早く情報を手に入れたくなります。そして、スケジュールに書籍や新聞の発売日や、オンデマンドの配信時間などを書き込みましょう。

そうすると、どんなことが起こるのか?

人生に暇な時間がなくなるのです。全然なくなります。情報を得ることも仕事だと思うようになります。企画書を書く、報告書を書く、会議で発表するのと同じレベルで情報収集をするようになります。

さあ、暇つぶしだった雑誌を読むという行為を、ビジネスに変えましょう。

やりぬくポイント

16

情報収集はお金を生む行為！
集めたネタをすぐ成果に変えよう

法則 17

翌週のスケジュールは金曜じゃなく月曜にチェックする

この原稿を書いているのは月曜日の朝です。

今朝の仕事の一つは、今週のスケジュールのチェック。火曜日の19時から2時間空いていたので「床屋」と書いておきました。その他は次のような感じです。

・水曜日の15時から30分の移動時間に「奇跡体験アンビリバボーのネタをスターバックスで考える」と書く
・木曜日の午前10時の移動時間に「日経新聞の連載の取材のメールを送る」と書く
・木曜日の19時の「ヨガ」を出席に。18時半から移動と書く

そう、スキマ時間の使い方をチェックします。

スケジュールは1週間分を見渡すのが大事です。ついでに来週のスケジュールをチェックします。

「この会議の資料は必要なんだっけ？」
「この会社への移動時間は何をすればいいんだっけ？」

「このランチのお店の予約は済んでいるのだろうか？」

「この会議の議題は？」

「この夜の会食のミッションは？」

などなど、準備できていない部分を探します。


それを毎日やっていると、スケジュールの精度がどんどん上がっていきます。自分のスケジュールがどんどん完璧な方向に進んでいくのです。

「野呂さんはスケジュールがたくさん入ってないと落ち着かないタイプなのかな」

そう思われるかもしれません。

しかし、そうではないのです。僕は、**スケジュールの全ては、「自分を高めるための行動計画」「夢をかなえるための設計図」と考えているのです。**

たとえば、あなたが世界最高峰のエベレストに登山するとしましょう。それが子供の頃からの夢だと仮定しましょう。すると綿密な計画を立てると思います。

「なんとなく歩いていたら、エベレストの頂上にたどり着いちゃって……」

仮にそんな事態が起こったらまさにアンビリバボー。本当に世界がびっくりです。

実際には、綿密な計画を立てて進むと思います。
・体力はどれくらい必要なのか？
・お金はどれくらい必要なのか？
・言葉は？
・現地の人とのコミュニケーションは？
・その前の練習は？
など。

なにもエベレストに登らなくても、綿密な計画と実行は大切です。だから、今週のスケジュールチェック、翌週のスケジュールチェックを欠かしません。すぐにできます。今すぐ、来週のスケジュールの不備を分析しましょう。

やりぬくポイント
17

スケジュールは週単位で見る！翌週の予定まですぐに埋めよう

スケジュールを見渡す

1 週間のスケジュールをチェック！

スケジュールに漏れがないか調べる

すき間時間でできることを探す

- ☐ 参考資料に目を通す
- ☐ メールの返信をしておく
- ☐ 企画書の一部を書いておく
- ☐ スケジュールの見直しをしておく

……

あらかじめリストを作っておくと便利！

常に 1 週間のスケジュールを
確認する癖をつけておこう！

法則 18

最新のテクノロジーをとりあえず使う

僕は、大学時代から〝アップル教〟に入信しています。

最初に触れたのは、学生起業したときに会社で買ったMacintoshクラシックというマシンです。

当時、ＭａｃはMacintoshと呼ばれていました。その後に自分でもMacintosh Ⅱ ciを購入しました。学生なのにアルバイトで２００万円以上するマシンを購入し、人生を大きく変えました。

現在も、MacBook、iPad Pro、iPhoneそして、アップルウォッチを活用しています。Windowsも持っていますが、メインマシンはアップルです。

テクノロジーの食わず嫌いはＮＧです。どんどん活用しましょう。

苦手な人もいらっしゃるとは思いますが、僕らはテクノロジーの進化とともに生きています。車も乗りますし、ペットボトルの水を飲みます。エレベーターでビルの高層階へ向かいます。

なんでもテクノロジーです。コンピュータやスマートフォンだけがテクノロジーではありません。

ですから、まずはテクノロジーを受け入れてみましょう。意外に簡単です。

僕が愛用しているアップルウォッチはすでに3台目。アップルウォッチ6です。携帯電話の機能もついています。だから電話を時計で着信するのも日常茶飯事です。すでに慣れました。

さらに、便利なのはスケジュール管理です。

・次のスケジュールは明確（表示されている）

・次の会議の場所などを入れておくと、移動時間と出発時間が明確

・道案内も可能なので、歩きスマホをしないですみ、安全

という機能があるので、スケジュール管理も可能です。

ジムで運動中も、今日のスケジュールを簡単に見ることができます。そう、超便利なのです。

そのほかにもアップルウォッチでは、

・歩数や脈拍数の管理など健康管理ができる

・アップルペイの決済が可能なので財布が不要
・座りっぱなしを回避するために教えてくれる
・Siriで天気などを知ることができる
・LINEの着信がわかる
・フェイスブックメッセンジャーの返答ができる（Siriを活用）
などなど機能満載で、時間を節約できます。
スケジュール管理の目的は時間の節約です。それを実現するためにアップルウォッチはお勧めです。

やりぬくポイント
18
テクノロジーの食わず嫌いはNG！
どんどん活用して時間を節約しよう

第2章

やりぬくポイント

やりぬくポイント07 未来の「やりたいこと」までスケジュールに入れよう！
実現のために必要な行動が見えてくる

やりぬくポイント08 スケジュールに例外なし！
テレビも読書もすべて書き込む

やりぬくポイント09 家族との予定も仕事同様にスケジューリング！
予定が埋まるほどに家族との時間が充実する

やりぬくポイント10 あなたの望む家族のあり方は？
目指す姿に向けた行動をスケジュールに書く

やりぬくポイント11 ランチはお金を生む！
目的を明確にして完璧に実行しよう

やりぬくポイント12 正確な言葉が行動につながる
あいまいな言葉は使うな

やりぬくポイント13 寝る時間は先に決めよう!
睡眠ファーストで仕事の質も上がる

やりぬくポイント14 急な誘いでも必ずスケジュールに書く！
短時間しか過ごさなくても友達はいなくならない

やりぬくポイント15 文章は冒頭から書き始めない！
書ける部分から手をつけよう

やりぬくポイント16 情報収集はお金を生む行為！
集めたネタをすぐ成果に変えよう

やりぬくポイント17 スケジュールは週単位で見る！
翌週の予定まですぐに埋めよう

やりぬくポイント18 テクノロジーの食わず嫌いはNG！
どんどん活用して時間を節約しよう

第3章

効率とスピードをアップする行動管理の法則

法則 19

会議の時間は「区切り悪く」設定

会議は10時00分からといったように、00分スタートがほとんどです。
中途半端に、10時14分から会議開始という会社はどこにもありません。

それは果たして理にかなっているのでしょうか？

知らず知らずのうちに、会議が長引いていることはありませんか？　次の会議が11時だからといって、雑談をしていませんか？　「そう言われてみれば……」と思うかもしれません。

無意識に会議や打ち合わせを1時間区切り、2時間区切りと決めつけているのです。それを35分に変えたらどうでしょうか？　もしかすると、次の会議のスタート時間を10時40分に設定することが可能かもしれません。

本当に必要な時間を考え、そして、次の予定のスタート時間を最短で設定すると、あなた自身の時間をさらに有効活用できます。

たとえば会議の時間を45分スタートとか、15分スタートにしましょう。極論を言えば28分スタートにするのも不可能ではありません。

先方に「15時25分スタートでいかがでしょうか？」と依頼しても、嫌がられません。「それは困ります」と言われたことは一度もありません。

ある大手企業の会議の終了時間は25分です。

一つの会議の設定時間が25分と決められているのです。おかげでその時間内で解決しようという意志が働くのだそうです。

勝手に「会議は00分から始まるものである」「会議は最低でも1時間」「会議は結論が出るまでやるべきである」と決めているだけで、調整すればそんなこともありません。決めよう、終わらせようという意志があるかどうかです。

考えてみれば、僕らが飛行機や新幹線などの電車に乗るときは、いつも中途半端な時間と付き合っています。**「10時28分東京発」といった電車や飛行機はいくらでもあります。**

僕らは中途半端な時間に合わせる能力をすでに持っているのです。それを活かさない手はありません。

試しに、1時間の会議を15分スタートにしてみましょう。それでも45分には終わらせられるようになります。さらに25分スタートにしてみると、35分で会議が終わるようにさえできます。

ついでに言うと、半端な時間の会議は間違いも防ぎます。「10時と勘違いした」「30分スタートと勘違いした」と言って、遅刻して来る人はどこにもいません。ぜひともチャレンジしましょう。

やりぬくポイント

19

「とりあえず1時間」は厳禁！
細かく刻んで時間を活用しよう

会議を00分スタートにしない

15分開始に設定すると……

45分で終わらせようという強制力が働く

15分短縮するためのアジェンダを作る

- □ 今度のイベントの概要について　8分
- □ 予算について　3分
- □ メンバーの役割分担について　7分
- □ ……

一つの議題を何分で話し合うのか決めておく

時間の設定を見直すだけで
自然と時間が短縮できる！

法則 20

会議のスタートは議論が始まる時間

APU立命館アジア太平洋大学の出口治明学長は以前、生命保険会社で「仕事を1分でも短くしろ」「昨日よりも1分でも短くしろ。6日で6分。そうすれば1時間の1割の削減になり、利益を生むことになる」と教えてくれました。

だから僕も常に、会議を1秒でも短くするように努力をしています。**「元気ですか？」「最近どう？」などの世間話は必要ありません。**「いきなりですが」「早速ですが」「本題ですが」「懸念事項ですが」「メールでもお知らせした事柄ですが」などと切り出していきます。

先ほどの項目で述べた、25分しか会議をやらない大企業も同じです。担当者が受付まで迎えに来てくれるのですが、会った瞬間から会議が始まります。歩きながらミーティングを始めるのです。**全員が机に座ってから始めるというのは、悪い習慣です。**

ある会社の会議はもっと効率的です。

過去にはこんなこともありました。

「11時25分から10分間、歩きながら話しませんか?」という提案を受け、その会社の受付付近でブラブラしながらミーティング。そこで、4つの案件を話し合いました。1案件2分半です。

とはいえ、会議を短くするのには、テクニックが必要です。

・終わる時間を明確にする
・アジェンダを決める
・会議の進行の時間割を決める
・退出時間を決める

これらは必須です。

また、「ちょっと次のミーティングがありますので退出します」などと参加者が中座していくとしたら、その会議は問題を抱えています。

面会して会議をやるのは、わざわざやる意味があるからやっているのです。

「遅刻」「退出」があるなら、会議自体しなければいいのです。チャットで大丈夫です。

他に大切なのは、参加人数です。ある会社にはこんなルールがあります。

・会議の参加者は４名まで（ブレインストーミングを除く）
・会議中に資料を読んではいけない（覚えておく）
・メモをとってはいけない（書記が書く）
・その時間内に決まらなければ、その議案はボツ

この決まりをもう何年も守っているので、仕事のスピードがとにかく速いです。
さらに一番の無駄は、前の会議が長引き、会議室が空いておらずに外で次の会議の人が待っている状態です。人件費が奪われています。時間内に終わりましょう。

先述したとおり、そもそも会議のスケジュールを１時間にするからＮＧなのです。

せめて45分で終わりましょう。会議のスタート時間は議論が始まる時間です。集合時間ではありません。マッキンゼーで働く人々は20分前には集合しています。

1日10時間の会議があると考えて、1時間の会議だと10個です。でも45分の会議だと13個入ります。つまり、話し合えるチャンスが3回も増えるのです。

話題の働き方革命とは、どんどん時間を節約することです。

「そんなの無理」というあなた。**自分が議長になって何が何でも45分で終わらせるように進行しましょう。絶対に終わります。**

やりぬくポイント
20

会議にムダ話はいらない！
必ず45分で終わらせる工夫を

法則

21

クッションタイムを作って集中力を高める

ランチの時間というのは本当によくできています。僕にとってランチは単なるランチの時間ではなく、クッションだと考えています。

「クッション？」と思うかもしれません。

ランチミーティングがない場合、僕のランチは本当に5分程度で終わります。アンパンを一つ食べて終わりとか、お菓子を食べて終わりとか、適当に済ませ、残りの55分をクッションとして使います。

ビジネスランチが入っている場合は、その時間のほかに1時間をクッションとして入れています。

クッションの時間には、リフレッシュするための何かをするわけではありません。運動をしたりするわけでもありません。

クッションでやるべき作業は、午前のスケジュールの立て直しです。

・午前中にやり残した仕事を済ませる
・溜まったメールを返す

・返事していないチャットを返す
・午前中あったトラブルに対処する
・午後のスケジュールをチェックする
・作業の補足を行う
・原稿を「ちょっとだけ」進める

など。
メールは全て返していてやり残しの仕事もないという状態であっても、午後や明日以降のスケジュールをチェックする時間として、クッションを設けたほうがいいでしょう。

スケジュールは歯車と一緒で、ぎっちり組んではいけません。歯車は、ぎっちり組みすぎると全然動かないので、うまく噛み合って動くように少しの隙間が必要になります。

クッションを設ける一番の目的は「午後の仕事の加速」です。

なぜ、クッションが「仕事の加速」につながるか、わかるでしょうか。

午後も午前中にやり直しの仕事がある状態を考えてみてください。

「電話しないと……」

「メールしないと……」

「作業しないと……」

「トラブルになった仕事相手は怒っているだろうか？」

「もしかしてメールで返答が来ているだろうか？」

などと考えてしまい、ついつい集中力が失われます。

そのような状態を避けるために、午後に1時間クッションを入れて、集中力を削ぐ要因を片づけていくのです。


仕事で大切なのは集中です。集中しない限りは、仕事が速くはなりません。

13時から17時まで働くとすると4時間あります。その4時間、なんとなく過ごしてはいけません。一つの仕事に集中して、1分でもいいから作業時間を短くする必要があるのです。

「ビジネスにスピード違反はない」というのが僕の考えです。そしてスピードを上げるには、精神力が必要です。そのために僕は、クッションを設けます。高速道路のサービスエリアに立ち寄るように、ひと呼吸おいてまた、集中して運転に戻るのです。

精神的に一服して午後に向けての準備をする。休憩だけではない、加速の準備です。そのための準備運動を1時間しましょう。

やりぬくポイント 21

スケジュールのクッションは「歯車の隙間」やり残しを巻き返す時間を設定しよう!

法則
22

チャットツールは常に開きっぱなし

僕は仕事中も、ChatworkやSlackなどのチャットツールとメールは立ち上げっぱなしです。すると通知にすぐに気がつくので、どんどん返していきます。

僕は、**一つひとつの仕事を100%やっていくのではなく、ちょっとした隙間で、いろいろなことを進めていく仕事のやり方が望ましいと思います。**

この原稿もブロックごとに書いています。執筆の最中も、SlackやChatworkがお知らせを伝えます。チャットツールはメールと違って、ほかの仕事と並行してやり取りするのです。

チャットツールを使った現代の働き方は、同時にたくさんの会議に参加しているというイメージです。

現実でも会議が行われていますが、チャットでも同時に会議がいくつも走っています。僕の場合、30ぐらいの会議に同時に顔を出している感じです。

相手と面会する会議は週に一度かもしれませんが、**デジタルで同時にいくつもの会議が進行している状態を作ると、仕事のスピードが格段に上がります。**

Googleカレンダーも分単位で調整ができます。30分や1時間単位も便利ですが、分単位も設定できます。それを活用することで同時に、普段の仕事も秒単位、分単位で進むのです。

今、この原稿を書きながら、チャットに返事を書いています。さっきも、予算120万円の案件をチャットで決済しました。面会したりメールでやり取りしていたら、同じ仕事でも半日ぐらいかかります。

でもチャットでできれば、非常に効率的です。**多分、チャットに資料がアップされてから内容を判断するまでの時間はわずか2分程度。**本当に速いです。

某企業は、メールの返信スピードまでもが評価対象になっていました。返信が速いことは、強力な武器の一つです。

ですから会議中も仕事中も、常に多くのコミュニケーションをとることが何よりも大切です。

全ての仕事は問題解決と言えます。**設計をするのも、デザインをするのも、医者が人を助けるのも問題解決です。**それを1秒でも短くするのが僕のやり方です。

そのため、同時並行で多くの仕事をしますし、多くの人がそうであってほしいです。

「そんなこと、できないよ」

そう思うのかもしれませんが、ご飯を食べながらテレビを見たり、お風呂に入りながら本を読んだりできますよね。それと一緒です。

すべての人は現代の聖徳太子になれます。彼は一度に10人の人の話を理解できたと言いますがチャットなどを使えばそれと同じことが可能。同時に30人ぐらいの話を聞けます。ぜひとも挑戦を。

やりぬくポイント
22
仕事は常に同時進行で！
リアルタイムで多くの案件を進めよう

メールよりもチャットを有効活用してみる

チャットを使ってみる

＜チャットのメリット＞
・1対1だけではなく、複数人ともやりとりができる
・リアルタイムでやりとりができる
・資料は皆で共有でき、皆で更新できる
などなど

ものは試し。Chatworkなどを使ってみましょう！

たくさんの会議に出て仕事をするイメージ

○○を用意
できますか？
A案で進めて
もらえますか？
了解いたし
ました！
○○の企画書、
更新しました

**チャットを使えば、
たくさんの仕事を同時にまわせる！**

法則

23

作業の自己記録を毎日更新する

先ほど「ミーティングを00分から始めない」ことをお勧めしました。それは作業も同じです。

僕は、

・ブログを書く　28分
・Forbesの連載記事を書く　1500文字　46分
・ジムでトレーニング　55分
・オフィスでランチ　8分
・奇跡体験アンビリバボーのネタを書く　18分

など、細かい設定を立てています。

あなたもぜひ自分の仕事を一度棚卸ししてみて、一つひとつに細かい時間設定をしてみましょう。

時間は大体このくらいかかるであろうという予測でかまいません。

ちょっと面倒に思うかもしれませんが、これをやると仕事が加速します。

細かい時間設定には3つの意味があります。

①「予測」→「結果」を分析する癖がつく

僕らは常にぼんやり仕事をする癖がありますが、それ自体がＮＧです。知らず知らずのうちにダラダラやってしまいます。

しかし仕事というものには「予測」が必要です。行動が速い人は、予測を日々の会議や作業のスケジュールにも活用しているのです。

すると仕事を引き受ける時も、

「この仕事は、１時間15分で終わるな」

「このプロジェクトは、75分の会議４回でできるな」

「このナレーションなら32分で書けるな」

などと予想がつくようになるのです。

全ての仕事に「予想」をつけていれば、「結果」と照らし合わせて検証できるようになります。

す。

② 全ての作業を1分でも短くする癖がつく

仕事は1分でも早いほうがいいと書きましたが、僕は非常に大切なことだと思います。

先ほど、**例で書いた「ブログ」「Forbes」「アンビリ」「ジム」などは、もともとは1時間のスケジュールでした。それが28分、46分とどんどん短くなっていったのです。**

実は自分の中で時間短縮はゲームになっています。

「この間やったときは35分だった。次回は33分で書けるかどうか？　チャレンジしてみよう」という感じです。

たとえるなら、オリンピック選手がタイムを競い合っているのと同じ。毎回〝自己新記録〟を出すために真剣に取り組むのです。この意識を持つと、作業時間を1分でも短くしてやるというアスリート魂に火がつき、頑張れるのです。

僕の中でスケジュールを短くするのは、スポーツのようなもの。このような意識で仕事に取り組むと〝脳がフル回転〟になります。

それがあまりにも気持ちがいい。そんなふうに仕事をしている時は、今までに体験したことがないほどの集中力で仕事を毎回楽しんでいます。仕事はやり方次第なのです。

③次のスケジュールが来てしまうので、何が何でもやり遂げる癖がつく

全ての仕事が「あと3分で終わらせなければ、会議が始まってしまう」「この仕事も21分で何とかしなければ来客だ」という状態になれば、懸命にできます。**スケジュールを終わらせないと、次のスケジュールに影響するため、何が何でも終わらせなければなりません。**そんな癖が知らず知らずにつき、いつもよりも大きなパワーが発揮できるのです。

さあ、1分を大切にしましょう。

やりぬくポイント 23

仕事の時間短縮はゲーム！ アスリートのように自己新記録を出そう

法則 24

書籍は全ページ読まない

あなたは、どれくらいの本を読みますか?

文部科学省の調査によると、日本人は平均で年間12、13冊の読書をするようですが、僕からするととても少ないと思います。


僕は、毎日2冊程度読みます。となると、月に50冊から60冊は読みます。

「一体どうやってそんなに多くの本を読んでいるのか?」

と思われるかもしれませんが、そんなに特別な読書法はしていません。


読む目的によって読み方を変えているだけなのです。

僕は、本を次の2つに分類しています。
①情報を得るために読む本
②小説など、物語を楽しむ本

小説など、物語を楽しむ本は非常に時間がかかります。表現や登場人物のバックボーンや心理描写などいろんなことを考えて読んでいるので、少しずつしか進みません。1週間ぐらいかかる小説もざらにあります。

ここで紹介するのは、①の情報を得るための本の読み方です。僕にとっては、ビジネス書や自己啓発本、雑誌などはこの類に含まれます。

これらの本は、とにかく、役に立つキーワードがあるページしか読みません。

見開き2ページを凝視して、読むべきキーワードがあるかどうか考えます。読むべきキーワードがあればそのあたりを読み、他は飛ばします。その連続です。

この読み方をあみ出したのは、35歳ぐらいの時でしょうか。

ちょうどコンサルタント業を始めた頃で、多くの勉強をする必要性がありました。コンサルタント業は、自分の業界だけを知っていても駄目です。IT、ファッション、医学などあらゆる分野について精通している必要があります。常にいろんな分野の人々と話をしなければなりません。

テレビ番組のいいところは受動的に情報を手に入れて楽ができるところですが、時間がかかります。かといって早回しをやりすぎると、肝心の中身がわからなくなります。

放送局のオンデマンド放送を使っても、内容を理解するには50％速くするのが精一杯です。1時間番組を短縮しても、せいぜい30分が限界です。

しかし、書籍は違います。

いくらでも加速できます。**ですから集中して、ページをめくり、読むべき場所だけを読んでみてはいかがでしょうか？**

すると、多くのビジネス書は1時間足らずで読み終えることができます。

もし、あとから読み返したいページがあれば、僕はそのページを折っています。後からそのページの内容を読み返したり、写真に撮影したりして保管したり心にインプットしたりします。

もちろん電子書籍のKindleでも速読は可能です。ページをめくって「知っている」と判断したら次のページへいきます。Kindleのほうが高速で読めます。

そう、本を情報を得る道具としてとらえるかどうかということです。雑誌も同様です。このページは役に立つかどうかを瞬時に判断します。もちろん、じっくり読みたいページはじっくり読みましょう。

この本も、まずはポイントだけざっと読んでしまって構いません。

もう一つの読み方として「これは今日中に読み終えるのだ」とスケジュールを決めることです。

「特命リサーチ200X」という番組の構成をしていた時、とにかく本を読むのが大変でした。毎日専門書を読み漁る毎日でした。

そんな時に、期限を決めながら本を読む癖がついたのです。

本を読み終えるスケジュールを決める。それだけで仕事を加速できます。

さあ、あなたはこの本をいつ読み終えますか？

やりぬくポイント
24
楽しむ読書と情報収集の読書は別！
読むべき部分だけを押さえよう

法則

25

インプットは練習
アウトプットは試合

速く本を読めば、速く理解することにもつながります。書籍に限らず、ネットの記事、新聞記事、書類や資料など何でも速く読めるようになります。

僕はそんなことが非常に大切だと感じています。**なぜならインプットは仕事ではないからです。**もちろん重要ではありますが、直接的に仕事としての成果を上げるわけではありません。いわば練習です。

大切なのは、アウトプットです。

貯めたお金を貯めたまま死んでも意味がありません。もちろん遺産相続で家族に遺したいというのならOKです。

しかし知識は違います。使わないと意味がありません。速く読んだ本の内容は、アウトプットしましょう。

そのために必要なのが、意識です。読む時に「この本でインプットするのは時間術だ」「お金の使い方だ」「経営者の心情だ」と決めてから読むと、その部分だけがインプットされます。そして逆にアウトプットする時、目的に紐づいているので、発信しやすくなります。

意識がインプットを変えるのです。

たとえば、スポーツ選手にとって、食事は筋肉を作ったりエネルギーを供給するうえで重要ですが、食事の工夫だけで金メダルをとったりW杯で優勝したりすることは、絶対にありません。

「当然じゃないですか」と思いますよね？

そう、トレーニングというインプットは、力や能力をアウトプットするために行っているのです。

でも、人によってはインプット自体が仕事だと思っている人もいます。もちろん、データ入力のようなインプットは仕事ですが、読書のようなインプットだけを仕事と認識してはいけません。

インプットは、アウトプットをするためのエネルギーです。わかりにくいのなら、「説得力のあるプレゼンをするために知識を仕入れている」など、目的をイメージしてみましょう。

さて、僕は速読をするようになって大きな変化に気がつきました。会議で成果を出せるようになってきたのです。さらに配布された資料を誰よりも早く読み終えられるようになっていました。

資料を速く読み終えられれば、他の人よりも早く議題の全貌をつかみ、考える時間を余分に得られます。そう、隙間時間を作ることに成功したのです。

会議は、1分でも長く考えたほうがいろいろなアイディアが浮かんだりします。速読力は、会議でも非常に有利に働きます。今すぐ、速読の習慣を身につけましょう。

やりぬくポイント 25

インプットは成果を生み出すエネルギー
速読はビジネスを変える！

法則 26

待ち合わせ場所には20分前に到着している

世界的な経営コンサルティング会社であるマッキンゼーのコンサルタントは、いつも到着が早いです。聞けば20分前には到着をしているという。素晴らしいですね。

それからというもの、できる限り20分前には到着しようと思い、行動しています。早めにビルに到着し、その会社のロビーか階下のカフェなどで、パソコンで仕事をするようにしています。


あなたも20分前に到着するように、スケジュールを立ててみることをお勧めします。


放送作家として駆け出しだった頃、遅刻することが格好いいと思っていました。大御所の売れっ子作家さんは必ず遅刻をしてきたからです。僕も真似をして遅刻していましたが、やはり胃が痛いのです。プロデューサーに遅刻の電話をしたりいちいち謝ったりするのが、本当に嫌になってきました。

そんな時、原点を考えてみたのです。

「あ、会議に出たくてこの業界に入ったのだ」

「会議で世の中を変えようと思っているのだ」

そう、大切なのは、自分のやりたい夢や企画を会議で提案して、それを実現すること。自分の中で目的がすり変わっていたのです。

また、遅刻をすると、負い目を感じて精神的にもよくありません。

だからできる限り早く行って、参加の準備をするようにしたのです。すると、会議に万全な状態で臨め、結果を出せるようになりました。

まず、20分前に到着するよう、スケジュールに2つの時間を書いておくことが大事です。

①会議の時間

②到着予定時間

僕は電車で移動できるなら、電車移動します。無理ならタクシー移動と移動方法も記載しています。

また、シミュレーションをしてどうしても無理なら、前の会議や予定をできる限り早く終わらせる努力をします。そのために大切なのは、先ほど説明した、1分でも早く終わらせる努力です。

そして、20分前に間に合えば、先方の受付などでギリギリまでデスクワークができます。

場合によっては電源も借りられます。メールを一通でも多く送ることができますし、さらにチャットの返事なども可能です。企画書やこの本の原稿も、幾度もいろいろな企業の受付などで書いています。

あなたも待ち時間でできることをあらかじめ探してみましょう。

そして、受付から担当者を呼んでもらうのは5分前。会社によってはビル内を移動したり、階を移動したりすることもあります。そのためには早めの連絡が望ましいです。

時には「ちょっと早く着きました。もし、ご都合よければ今からでも」と連絡をすれば、予定よりも5分前、10分前に会議が始まることもあります。すると早く終わるので次の移動も簡単です。

僕の感想ですが、とにかく上昇志向の高い企業は、会議が短いように思います。

僕は個人なので1秒でも早く終わって、1秒でも早く次の仕事に行ったほうが望ましいと考えています。まさに時は金なり。大切にしなければなりません。

しかし、そう考えていても失敗する場合はあります。

先日、予定時間の30分前にミーティングをするビルに到着しました。カフェでお茶をしてエレベーターで登れば余裕と考えていたのですが、なんとお昼休み終わりで、エレベーターが大混雑。乗り込むのに8分かかり、焦りました。訪問先の受付で仕事をしていればそんなことはなかったと反省しました。

それ以降、**その会社のスケジュールには〝エレベーター注意〟と記載しています。**遅刻をすると精神的にもよくありません。必ず20分前には到着すべきです。

やりぬくポイント

26

一流コンサルタントは常に到着が早い！
一秒でも早く次の予定に向かおう

法則 27

会議で決まったことは会議中から実行する

僕にとって、会議はスタートラインです。

国会でも国連でも会社の会議でも、それ自体で完結はしません。会議で決まったことを実行しなければ、何ら意味がないのです。

そう、そこから世の中が動き出すのです。会議はそのための一歩目に過ぎません。

そこで、会議中、僕はＭａｃのリマインダーやChatworkのタスク管理を作動させています。

・A社の田中氏に交渉のメール
・ブッキングメール
・鈴木さんに交渉の依頼

などなど、**その場で決まったことを行動に移します。**

会議中にパソコンを使うとは、礼儀がなっていないという人もいます。

だが、それは大きな間違いだと思います。パソコンを立ち上げながらも脳も動かして会議も参加できますし、何よりその場で決まったことを即行動に移せます。

あなたも1秒でも早く動き出し、結果を出すためにも、パソコンを使ってもいいか

会議相手と交渉してみるといいでしょう。

僕は、常にSlackがChatworkを立ち上げていて、部下に指示を出します。

・B会社の佐藤さんに企画書を送ってほしい
・齊藤さんとランチかブレックファーストミーティングをセッティングしてほしい
・こんな感じの資料を用意してほしい
・高橋さんと夜の会食のセットをしてほしい

など。

その他にも

「こんなプロジェクトを考えているがどう思いますか？」

と遠く離れた部下に意見を聞いたりします。僕の会議中に、部下たちが率直な意見を交わすことも可能です。同時に別の会議に出ている部下から相談が来ることもあります。それもその場でどんどん答えていきます。

すると、**同時に2つの会議に出ているのと同じような働き方になるのです。**別に雑になったりはしません。

常に、会議において僕は2つの無駄があると思っています。

①会議中終わった後にまとめ直して、仕事を整理する無駄

②会議でしか物事を提案しない無駄

この2点です。

会議の後や会議の夜にその内容をまとめるのは無駄だと思います。僕は会議の内容をその場でGoogleカレンダーのメモのところにも書いたりもします。するとその会議の内容を忘れません。後から見返すことも可能です。

それとともに、会議中にできることはどんどん進めていったほうが懸命です。メールで、「これに興味ありませんか？」と企画書をいきなり送りつけることもあります。会議中に返事が戻ってくる場合もあって「一度ご説明を受けたい」という内容だったら、その会議中に「○○社が話を聞きたいそうです」と言えば、物事は一歩前進です。

さらにもう一点は、会議でないと物事が進まないことも懸念しています。会議はせいぜい、週に2度程度です。1回という会社もあります。それでは速度が非常に遅いのです。

残念ながら無駄が多いと思います。メールもチャットもあります。ですから次の会議が来る前に、どんどん提案して進めていけばいいのです。

僕は会議以外にも多くの提案をします。とにかく世の中が面白くなればいい。時間は問いません。前進あるのみです。

やりぬくポイント
27

会議が終わってから動くのでは遅い！その場でメールやチャットを打とう

法則

28

道に迷うことを想定している

ある企業の広報担当者のスケジュールには会議がびっちりです。25分ずつで毎日20近い会議があると言います。電源コードとパソコンとペットボトルの水を持って大移動を繰り返しています。

僕の場合は、毎日8箇所ぐらい、電車や地下鉄で移動しています。以前はその都度調べていたのですが、今は電車移動の仕方をスケジュールに書いています。

・丸ノ内線赤坂見附駅で乗り換えて20分
・タクシーで田町駅まで移動。そこからJRで新橋駅まで。そこから銀座線
・会議が終わり次第検索
・E3番出口から徒歩2分

などと、**どのような移動をすれば効率よく次の場所に行けるのかをスケジュールに書き込むことが大事です。**場所を勘違いしていることもあります。時々会議場所が違う場合もあります。そんな時は〝場所注意〟とスケジュールに書いておきます。

僕は自分の移動センスなどは全然信用していません。しょっちゅう電車の乗り間違いをしたり、駅の出口を間違えたりします。

そのようなミスを直すには、徹底的にスケジュール管理するしかありません。時間が余った時も、「先方のオフィス近くのスターバックスコーヒーで仕事」と書いておきます。

するとその場で仕事もできますし、トイレにも行けます。遅刻もしません。

事前に電車での移動を細かくチェックして手帳やスケジュールに書いておけば、万一のときはタクシーで移動すればいいのです。

しかも最近は、地下鉄などのトラブルが多く、運休や大幅な遅延も起こり得ます。「すみません、電車が止まってしまい……」という言い訳もありますが、できる限り早く移動しておけば結構間に合います。

また、移動していれば、その他にもいろいろなトラブルに見舞われます。雨が降ってきたので傘を買わなければならないとか、パソコンの電源を確保しなければならないなど。そんなこともスケジュールにメモしておけば非常に便利です。

先ほど、会議中にパソコンを立ち上げておくというのも記載しましたが、会議中に次の移動のチェックなどもすることができます。

特に新幹線や飛行機の移動の時は1時間でも30分でも時間のある限り先方に早く着くように努力をします。先方でゆっくりすればいいのです。

飛行機は特に天候に左右されてしまうケースが多いのです。

子供の頃「家に着くまでが遠足です」と言われましたが「最後の会議に遅刻をせずに到着するまでが仕事です」と僕は思っています。必ず移動も入れ込んでください。その場で検索をするのではなく、事前に入れる計画が全てです。

やりぬくポイント
28

移動経路はいちいち調べない！すべて事前にスケジュールに書き込む

移動方法のチェック

移動の仕方も記入しておく

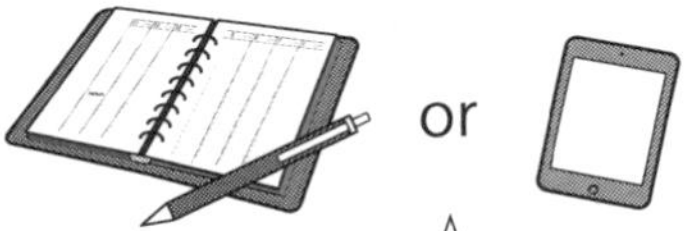

○○線△△駅で乗り換えてそこから 12 分
A3 出口から徒歩 2 分

20 分前に到着できるようにしておく

打ち合わせ場所 or 最寄り喫茶店のチェック

- □ 打ち合わせ内容の確認しておく
- □ すき間時間でできる仕事をする
- ……

待ち時間で次の移動先を確認しておくのもいい

**移動センスに自信がない人は、
スケジュールに移動手段を細かく書いておこう**

法則 29

いやな会議の時は「自分の喜び」をメモに書く

僕は会議が好きです。人も好きです。

でも、全部の会議が絶好調なわけではありません。いいこともあれば悪いこともあります。調子がいい時もあれば、あまりうまくいっていない企業もあります。

そんなときは本当に辛いのです。

思わず「お腹が痛い」と仮病を使って休みたくなります。実際に若い頃は仮病を使って会議をサボったことは幾度もあります。本当にすみません。

でも、**40歳をすぎてから、辛い会議が一つもありません。なぜならスケジュールが僕を救ってくれるからです。**

僕が仕事でスランプの時、ある女性経営者からこんなことを言われました。「球拾いをしなさい。すると見える景色があるよ」とアドバイスを受けました。「球拾い？」と思ったのですが、途中で意味がわかりました。そう、野球の球拾いです。

怪我をした選手には2つのパターンがあります。一つは運の悪さを嘆いて酒に溺れたり、ふてくされたりする選手。

もう一つは、少しでもチームの役に立とうと、できる範囲のことから貢献する選手。**もちろん、球拾いをするのは後者の選手です。**

まずは、僕のスケジュールに自分が球拾いできる事柄を書き始めました。

・会議中に出た話の補足資料を提出する
・ぜんぜん違う観点のアイディアを立案する
・お菓子の差し入れをする
・ホワイトボードや机を掃除する

など、具体案を書きました。

するとちょっとだけ道が開けたのです。「野呂君ありがとう」と感謝される事柄が増えたので、気分がいいのです。

そう褒められたり感謝されたりすると、人はモチベーションが上がります。もし球拾いをせずに腐っていたら今の僕はないだろうと思います。

そしてさらにスケジュールにモチベーションが上がる事柄を記入しました。

・受付嬢が可愛いので元気に挨拶をする

・会議の帰りに、となりのパスタ屋さんでナポリタンを食べる
・尊敬している○○さんの隣に座る

など、楽しいことを探し、記載していったのです。

会議は仕事の場所ですが、モチベーションが上がらなければ自分の持っているスペックを使い切ることはできません。だから、そこを懸命に掘り出して、少しでもやる気が出るように、会議に参加する意味を構築していったのです。

するとどうでしょうか？

会議に対する恐怖心が消え始めたのです。すんなり会議室に入れるようになりました。たとえ自身がスランプであってもやる気が出てきたのです。それに気がつくと、加速し始めたのです。

次第にスケジュールに、そのモチベーションを上げる言葉を書かなくてもすむようになりました。

今でも年に数度は調子が悪いことや身体が思うように動かない瞬間があります。会議室に入るのが恐怖の瞬間もあります。そんなときは、スケジュールにいろんなことを書きます。

・誰よりも早く行って机の掃除をする
・駅の近くのスターバックスでソイラテを買ってから会議に参加する
・ちょっと企画書を書いて提案する

など。

すると、モチベーションが上がるのです。嫌な心の闇が晴れていきます。終わった後に、「今日もいい会議だった」「活躍できた」などとメモを記載します。時にガッツポーズもします。野球の試合と一緒です。

そんなことをしていると「来週の会議早くこないかな」などと思うようになるのです。**人は活躍しているとその会議が苦にならなくなります。**多分、野球選手も活躍している時は試合が待ち遠しいはずです。

大切なのは、小さくてもいいので成果を上げることです。逃げているとそこで足踏みをしてしまいます。そうではなく前進をすることが何よりも大切だと思うのです。そのためにスケジュールにモチベーションが上がる内容を書きます。非常に大切です。

会議に限らず、気乗りしないスケジュールがあれば、どんどんモチベーションが上がることを書いていきましょう。

僕は、さらに凄技を持っています。

僕は黒木瞳さんという女優さんが大好きです。以前にクリスマスプレゼントで彼女のサイン付きの写真集をいただいて感動しました。

会議に参加する時に嫌いな人を見つけると「この人は黒木瞳さんのご兄弟の方だ」「この人は黒木瞳さんの親戚なのかもしれない」と思います。いや正確には思い込むのです。

そうすることで、「この人を喜ばせれば、黒木瞳さんに僕の評判が届くかもしれない」と真剣に考えています。懸命に頑張れるのです。

「馬鹿か野呂は！」とあなたは思うかもしれません。でも僕は成果を上げるために、自分のテンションを上げるために、こうして自分自身をコントロールすることができるのです。

さあ、あなたにも乃木坂46やBIGBANGのメンバーなど好きな人がいるはずです。そんな人の親戚が、嫌な会議に参加しているかもしれないと思うとワクワクして、頑張れます。

「え、そんな単細胞は野呂だけだ！」

そうかもしれませんが、この方法で20年間、脳みそをだまして仕事しているのが僕です。

やりぬくポイント

29

スランプの時こそ「球拾い」をやってみよう！
少しでもできることをスケジュールに書き込む

法則 30

マラソンランナーのように会議のペースを管理する

打ち合わせが長引くことがあります。昨日の打ち合わせも2時間かかりました。「2時間？　そんなの普通だよ」というあなたは、どんな打ち合わせをしていますか？

さて、**打ち合わせというのは「予想」と「結果」が大切です。**

ですからアジェンダを必ず作ります。アジェンダはある意味、打ち合わせの命のようなもので、何を話し合うか考えます。

次に大切なのは、それぞれのトピックを何分話し合うのかを決めることです。

・準備中のイベントの件を5分
・予算の話を2分
・人事の話を8分
・戦略のプレゼンテーション12分
・予備の時間5分

と、自分なりに細かく予測しておきます。

すると、その打ち合わせの全体時間を想定できます。

上の時間を全部計算すると合計32分です。

でも、スケジュール的には「とりあえず1時間」と設定してあると思います。

こうやって細かく決めると、28分も節約できることがわかります。

これは、仕事の予算も同じです。

仕事をしている時、予算を考えると思います。「適当に1500万円」ということはないですよね。


細かく分析をしてゆくと予算の節約ができるように、時間も「予想」と「結果」があります。しかも会議や打ち合わせ中も時計を見ながら進めていけばいいのです。

時計を見ながら、1分遅れている。1分巻いているなど、分析をすればいいのです。そう、マラソン選手が走っている最中に時計を見るように、時計を見ながら分析をしてゆけばいいのです。ペースが大切です。


そう、マラソンも打ち合わせも一緒です。長期のスケジュールを考えるように、打ち合わせ一つひとつのペースをちゃんと考えればいいのです。

たった1分ですが、それでも1年で数時間になっていきます。そんなものです。「そんなに短くして大丈夫か？」と思うかもしれません。僕も最初の頃はそう考えていました。でも実際に短くしてみると全く問題がないとわかりました。結果は一緒なのです。

また、僕がコンサルタント業をやっていてわかったことがあります。それはチャットの速さです。ChatworkやSlackを使ってますが、その速度は桁違いです。打ち合わせをするよりも早く結論を出すことができます。

打ち合わせを1回、チャットで代替できないか考えるのも一つの手です。

なぜか？ それは、文章を一文字でも短く書こうとするからです。どんどん卓球のラリーのように短い文章をやり取りして、どんどん先へ行くことになるでしょう。それが成功の秘訣です。

そして、会議や打ち合わせを1分でも短くしたら、それだけ得をします。休憩をしたり、気分を変えたりできます。メールを書いたり、他の仕事をすればさらに効率も上がります。その連続です。

もし早く終わりそうだったら、次の行動に移ればいいのです。「早く終わりそうだ、だったらここに20分のミーティングを入れられるかも」と考えたり、ランチに早めに行ったり。

時間をとにかく有効に使いましょう。「飛行機が予定よりも早く着いたら、どうするか」的な発想で会議も打ち合わせも進めましょう。

やりぬくポイント

30

打ち合わせは一つひとつペース管理を！
早く終わったらすぐ次の行動に移ろう

法則 31

「三角食べ」のように並行作業する

今、僕のマシンはこの本の原稿のワードだけを立ち上げているわけではありません。

①奇跡体験アンビリバボーのナレーション原稿
②同じくアンビリバボーのロケ台本
③某社の戦略メモ
④ＰＲイベントの見積
⑤某社のスケジュール管理表
⑥別の書籍のゲラ原稿
⑦某ＩＴ企業のリリース（チェックする予定）
⑧この本の原稿

など８つものファイルが立ち上がっています。

それを同時にいろいろと見ながら仕事をしています。

おかず、ご飯、汁ものとちょっとずつ食べる給食の三角食べと同じです。

仕事は一つの内容が固まってくるまでに時間がかかる場合もありますが、僕の場合はちょっと違います。

集中力で３ページから５ページ程度。３０００文字ぐらいの仕事をしたら、一旦脳

●本書へのご意見・ご感想をお聞かせください。

ご協力ありがとうございました。

郵便はがき

105-0003

切手を
お貼りください

（受取人）
東京都港区西新橋2-23-1
3東洋海事ビル
（株）アスコム

先延ばしと挫折をなくす計画術
無敵の法則

読者　係

本書をお買いあげ頂き、誠にありがとうございました。お手数ですが、今後の出版の参考のため各項目にご記入のうえ、弊社までご返送ください。

お名前	男・女	才
ご住所　〒		
Tel	E-mail	
この本の満足度は何％ですか？		％
今後、著者や新刊に関する情報、新企画へのアンケート、セミナーのご案内などを郵送またはｅメールにて送付させていただいてもよろしいでしょうか？　□はい　□いいえ		

返送いただいた方の中から**抽選で5名**の方に
図書カード5000円分をプレゼントさせていただきます。

当選の発表はプレゼント商品の発送をもって代えさせていただきます。
※ご記入いただいた個人情報はプレゼントの発送以外に利用することはありません。
※本書へのご意見・ご感想およびその要旨に関しては、本書の広告などに文面を掲載させていただく場合がございます。

のスイッチを変えたくなります。

脳をどんどん切り替えると、「ロジカル」「クリエィティブ」「長文」を繰り返して構築していきます。するとなんだかリセットしながら進められるのです。

つまり脳の同じ場所をずっと使っているのではなく、**脳のあちこちの違う部分を1時間ごとに使いながら、効率よく進めていくのです。**

僕は、そんなに集中力がありません。集中が続くのは、せいぜい40分ぐらいでしょうか。

1時間の会議だと全然無理です。もう20分ぐらいで飽きています。スイッチを入れ替えながら、なんとか会議をやっています。

だから会議中にメールを書いたりしているのかもしれません。

しかも切り替えて仕事をしていると、新しい発想が生まれてきます。この本を書きながらコンサルタントの仕事をしていて、「そうか、僕はスケジュールをこんなふうにも使っているんだ」と思い出せた経験は、一回や二回ではありません。山のようにあります。

その連続なのです。またこの本の原稿を書きながら、「あ、このやり方はクライアント全社に伝えよう」という発想にもなります。

その連続なのです。つまりいろいろな仕事をちょこっとずつやることで、脳がさらに活性化しているのではないかと自分自身で思っています。

さらにファイルを開いておくと「忘れる」ことがなくなります。自分自身へのプレッシャーにもなります。「この仕事をするべし」とプレッシャーを与えています。「やべーこれやってない」と気がついたりします。そう、ファイルを一つでも減らすために懸命に仕事をしています。

原稿チェックの仕事の場合、早ければ5分程度で終わることもあります。それで、終わらせてメールなどで送ったら、スッキリします。

そう、このスッキリが次々とやってくるから楽しいのです。それを目的に頑張っているのかもしれません。

だからできれば立ち上がっているファイルがゼロになることを目標としていますが、常に80近いプロジェクトを抱えているとそんな状態はめったにありません。長期の休みの間にどんどん処理していったときぐらいでしょうか？

でもこの方法が非常にいいのは、多くのことを早く処理できる感じがあるからです。飲みかけのジュースがちょっとずつ冷蔵庫に入っているイメージです。もちろん、飲み忘れも発生しませんし、いろんな味に接している間に、新しい発想も生まれてきます。そのために大量のファイルを立ち上げましょう。

この項目もそろそろ終わりです。次は、リリースのチェックを3分ぐらいでやろうと思います。**とにかくスッキリさせる。それが仕事の醍醐味です！**

やりぬくポイント
31

人間はそれほど長時間は集中できない！次々と仕事を終わらせてスッキリしよう

法則

32

締め切りまで2週間ある仕事でもいったん少しだけ始める

仕事はとっかかりまでに時間がかかかります。そして気がついたら締め切りで大慌てに。そんな経験ありますよね？

以前の僕はそんな感じでした。

「この雑誌を読んでから仕事しよう」

「あと30分たったら仕事しよう」

「月曜日になったらやろう」

などとさまざまな言い訳をつけて、延ばし延ばしにしていました。でも結果的に大慌てになり、雑になり、評価が下がるという連続で悪循環です。

「どうしたらできるようになるか？」と真剣に考えたのが、ちょっとだけやるという行為です。

先ほど、2週間先が締め切りの日経ＭＪの原稿に手をつけました。合計で１７００文字が必要な原稿ですが、そのうち５００文字程度書きました。するとちょっと気が楽になるのです。取材した後なので気分が高揚しています。だからすぐに書けるのです。

ところが、2週間ほど放置すると、書こうという気にならなくなってしまいます。また、いざ書こうという時に情熱が冷めている可能性もあります。そして記憶をたどって書くので、生々しさや勢いが足らなくなってしまうことも度々。それよりも、勢いがある時に、書きたいフレーズを書いてしまうのが望ましいのです。

そう、義務感で書いた文章ほどつまらないものはないと思います。

だから、勢いで書きたいと思っています。**文章はできる限り、〝勢い〟がある時に書かなければならないというのが僕の持論です。**

戦略的ＰＲコンサルタントの仕事をしていて人々によく伝えるのは、〝勢い〟の話です。

勢いがある文章を書けるか、提案ができるかということにあります。勢いがあると、相手もドキドキ、ワクワクして期待します。

勢いがあれば、「これは面白いかもしれない」「これは、取材して世の中に伝えなければならない」などと思っていただける場合がたくさんあるのです。

そのために、まずは第一歩を踏み出すことが何よりも大切です。

これは何も文章に限らず、さまざまな仕事に応用できます。

ほんのちょっとでいいのです。

仕事は、はじめにちょっとだけ、かじればいいのです。企画提案書を書く仕事であったなら、とりあえずワードに少し書いてパソコン上に置いておけばいいと思います。

こうして少しずつ進めながらどんどん動いていくものです。まずは第一歩をスタートしましょう。すると見えてくる景色があります。ビジネスが大きく変化するので、ぜひともやってみてください。

やりぬくポイント
32

勢いのある第一歩を大切に！
まずはちょっとだけ手をつける

ちょっとだけ進めてみる

納期間近の時に
一気にやろうと
すると、苦しくなる

こうならないように……

できるところをちょっとだけ進める

（例）・企画書の概要だけを５分ほど書いておく
・Excel での数値入力を５分ほど進めておく
・商品のセールスポイントのみ書いておく
・データを一部収集しておく

はじめることによって、どのくらい時間がかかるのかなど、
見えてくるものもあります！

まずはほんの５分だけ始めれば、
時間の管理がきっちりできる！

法則 33

「とりあえず7割」ルールで無駄を減らす

仕事で何よりも大切なのは速度です。

仕事で成功する人はとにかく速いのです。下手でもいいからどんどん進める癖を持っています。

日本の企業の仕事の仕方で違和感があるのは、とにかく、緻密に時間をかけてゆっくり進み、最終的に「中止」「残念ながら保留」となって、全てが止まってしまうケースの多さです。本当に残念だと思います。

たとえば企画書。2日間かけて緻密に書いて「ボツ」になったら、その2日間の努力と時間と人件費がハッキリ言ってしまえば無駄です。

「無駄とはひどい」と思うかもしれませんが、それが現実です。

仕事は、体力をつけるためのトレーニングではありません。仕事は何らかの成果を出すために行わなければなりません。

もし、あなたがサラリーマンなら、「まあ、上司に言われてやったことだし、それも仕事。別にいいか」と思うかもしれません。

でも、僕のように自営業の人間にとって、ボツは全て無駄です。そんな無駄は少しでも減らしたいのです。

ですから、もし、中止になるとしても、損害は最小限にしなければなりません。

そこで心がけていることがいくつかあります。

・メールでＡ氏に打診。こんなことを考えているけど興味があるかどうか？
・早急にペラ１枚の企画書を簡単に書いて打診。もしそこで方向が違うと言われたらミーティングを即座にして修正
・７割企画書ができたところで、「まずは、まだラフなのですが」とさらに打診
そこで心が変わるかどうか調べながら進める
・もし、その時点で「やっぱりないな」と言われたら、無理をせずに即時中止
・でも、その７割できた企画はもったいない。だからその企画を別のＢ氏に打診
・Ｂ氏が興味を持ったら、その７割の企画書をさらに訂正

ということを繰り返しています。

つまり、大切なのは、**自分なりに勝手に完成させて相手に判断を仰ぎ、「ボツ」を**

防ぐのです。

それよりも、中途半端でもいいから相手の意見を聞く癖をつけることです。

また、バランスを見ながら相談していくほうが、調整がしやすいです。

彫刻にたとえるともっとわかりやすいでしょう。**彫刻を彫る時、仕事で失敗する多くの人は、足の小指から彫り始めます。それも超正確に彫り始めます。**

それって実は超難しいことなのです。想像してみてください。彫刻では、「頭がどこにあるのか？　上半身のバランスは？」などと考える必要があるからです。通常、大まかに削りながらどんどん細かくしていきます。

「そんなこと当然じゃん」と思うかもしれません。

その通りです。でも仕事となると、そんな常識を忘れていきなり彫り始める人が、実は非常に多いのです。特にパソコンで仕事をしていると、ついつい細かいところに目が行ってしまいがちになります。でもそれはのちのち時間の無駄を招きます。

先ほどから述べているように、人生で一番大切なのは時間です。それをいかに無駄にしないかが大切です。

そのためにスケジュール管理を綿密にしているのです。だから仕事も今やっていることが無駄にならないように、頭を使う必要性があります。

それに、無駄になってしまう仕事をたくさんやっていると、悪い癖がついてしまいます。「これもどうせ無駄になってしまうに違いない」と、仕事のやる気が失せる場合があります。**だからなんでも7割で打診する。そんな癖をつけましょう。**

人間は心が折れやすい動物です。完璧にやってゼロになったときの衝撃は計り知れません。ぜひとも7割で一度止まりましょう。

やりぬくポイント

33

相手のいる仕事は細かく打診を！
手間をかけてボツになったら元も子もない

第3章

やりぬくポイント

やりぬくポイント19 「とりあえず1時間」は厳禁！
細かく刻んで時間を活用しよう

やりぬくポイント20 会議にムダ話はいらない！
必ず45分で終わらせる工夫を

やりぬくポイント21 スケジュールのクッションは「歯車の隙間」
やり残しを巻き返す時間を設定しよう!

やりぬくポイント22 仕事は常に同時進行で！
リアルタイムで多くの案件を進めよう

やりぬくポイント23 仕事の時間短縮はゲーム!
アスリートのように自己新記録を出そう

やりぬくポイント24 楽しむ読書と情報収集の読書は別！
読むべき部分だけを押さえよう

やりぬくポイント25 インプットは成果を生み出すエネルギー
速読はビジネスを変える！

やりぬくポイント26 一流コンサルタントは常に到着が早い！
一秒でも早く次の予定に向かおう

やりぬくポイント27 会議が終わってから動くのでは遅い！
その場でメールやチャットを打とう

やりぬくポイント28 移動経路はいちいち調べない！
すべて事前にスケジュールに書き込む

やりぬくポイント29 スランプの時こそ「球拾い」をやってみよう！
少しでもできることをスケジュールに書き込む

やりぬくポイント30 打ち合わせは一つひとつペース管理を！
早く終わったらすぐ次の行動に移ろう

第3章

やりぬくポイント

やりぬくポイント31 人間はそれほど長時間は集中できない！
次々と仕事を終わらせてスッキリしよう

やりぬくポイント32 勢いのある第一歩を大切に！
まずはちょっとだけ手をつける

やりぬくポイント33 相手のいる仕事は細かく打診を！
手間をかけてボツになったら元も子もない

第4章

他人に振り回されないコミュニケーションの法則

法則

34

誰でも勘違いすると知っている

「人はミスをする動物である」。これは僕の考え方です。

僕自身も毎日ミスをしながら、突き進んでいます。

その都度修正をしたり、それを何とかするためのメモをMａｃ上に書いています。

同じミスはできる限りなくしていますが、それでもミスは起こります。ミスは日常茶飯事です。

人間で一番多いミスは、「失念」です。つまり〝忘れてしまった〟ということ。何としても防ぎたいミスです。

以前の僕は、「曜日を間違えた」「時間を間違えた」「すっぽかした」などのミスを連発していました。スケジュール管理が苦手でした。

信用を失い、仕事をなくした経験は何度もあります。

でも今は皆無です。そうなった秘密は、リマインドメールです。

打ち合わせなどの相手には、必ず前日にメールをお送りします。僕の脳の中ではお昼の12時だと認識していても、スケジュールを改めて確認したら11時半だったというパターンもあります。

待ち合わせ場所を勘違いする場合もあります。

ランチの約束をしていて、新宿にあるパークハイアットホテルだと思っていたら、六本木のグランドハイアットホテルの間違いだったということは幾度もあります。

大きな損失です。その瞬間から移動したら、20分以上もかかります。

相手と二人合わせて、いったいいくらの損失になったのでしょうか?

場合によっては時給がとんでもないくらい高い方もいらっしゃいます。そうなってくると本当にとんでもない損失です。それを防がなければなりません。

だから、前日に必ずリマインドメールをお送りしています。僕の場合はだらしないので、アシスタントがメールで送ってくれています。

そのメールを前日に読んで、改めて場所や内容を確認したりしています。それが僕の日常です。

以前の僕は毎日のようにスケジュールのミスがありました。でもリマインドをやるようになってから99%、ミスは減りました。

「え、100%じゃないの?」と思うかもしれません。でも実際にはそんなにもうまくいかないのです。それでも勘違いをしてしまいます。

先日は11時の会議を10時と勘違いしました。運よく10時と勘違いをしたので、早く行っただけでした。本当に救われました。人間は勘違いをする動物です。

それに相手が失念している場合もあります。

だからリマインドメールをすることによって、

「よかった野呂さん、忘れていました。ありがとう」

「あれ? ミーティングの場所赤坂じゃなかったっけ?」

「来月の13日の間違いじゃなかった?」

「ありがとう。10時だと勘違いしていたよ。野呂さんのが正解だよ」

というメールを何度もいただいたことがあります。その都度アシスタントに感謝をしています。

目的は、お互いの時間を無駄にしないことです。そのためにリマインドメールを送って確認をするのです。

大切なのは、**お互いの限られた時間を有効活用することです**。たとえ1分でも無駄に使ってはいけません。そのためにリマインドメールを送ります。一つのメールを送るのにかかる時間はわずか1分足らずです。

もし、10個のスケジュールがあるとしても、10分程度です。

それで多くの無駄な時間をなくし、信頼を得ることができます。

また、リマインドメールを送ったおかげで「野呂くんは慎重だね」と言われたことは数知れず。

ぜひとも確認のメールをしましょう。今すぐできる工夫です。

やりぬくポイント

34

「失念」はビジネス最大の敵！
自分を信用せずに管理を

法則
35

メールが たくさん来ることを喜ぶ

今のパソコンは、メールを受信するたびに通知する設定にできます。

もちろん、大勢で参加している会議ならその都度メールを返すことも可能です。

ちょっとしたメールならどんどん返せます。

しかし、少人数の会議で自分が発言をしなければならなかったり、活躍しなければならない時はちょっとそれは不可能です。


そんな時は、**まとめて返すようにしましょう。**

僕は、毎日300通以上のメールをやり取りしています。年末や年度末になると毎日のメールが500通を超えたりもします。その都度返していると気が散って仕事になりません。


ですから普段から1時間に一度を目安に返すようにしています。

メール返信には鉄則があります。メールの返事はできる限りパソコンで行うのです。

なぜならキーボードのほうが圧倒的に速く文字を打つことができるからです。スマホは緊急時のみです。

それ以前にメールで気をつけていることがあります。
メールは電話と同じ、いや面会しているのと同じです。ですから、
・メールを処理する
・片づける
という言い方をやめています。

というのも、以前はそんな言い方をしていました。でも言葉には言霊があります。言葉の使い方一つで大きく変わります。

ですから僕は、メールは〝声〟で電話のようなものだと思って対応しています。

時々忙しいと、思わず心を失って、「片づけないと」と思うこともありますが、そんな時は、ハッと思い出して「いかんいかん。メールはそんな雑なものではない」と心を入れ替えます。

さて、以前の僕は、午前中に「メールの返事をする」というスケジュールを入れていました。でも今はそんなことはありません。

できる限り会議を短くし、1時間の会議をできる限り45分で終わるようにしているからです。すると15分を作ることができます。それがメール返信の時間です。

僕は、15秒ぐらいあれば一つのメールに返事ができるので、1分間に4通のペースで返信すれば、10分間に40通の返事ができます。そんな時も頭の中で「面倒くさいな」と思わないようにします。大切なメッセージです。

思考は、そのまま文章に出ます。

ですから「嬉しいな」「メッセージだ」「よし、これに返事をしよう」などとワクワクしながら懸命に返事をします。

そんな10分、15分を1日に10回作ると、それだけでも400通のメールを送ったり返事をしたりすることができます。

大切なのは、隙間時間を無理やり作ること。そのために懸命に仕事や会議を短くすること。ビジネスにスピード違反はありません。どんどん速度を上げていきましょう。

そのうち、「早くメールが来ないかな」と楽しめるようになります。**メールがたくさん来るうちが華です。**

さあ、そんな華をたくさん開かせましょう。

やりぬくポイント
35

いちいちメールを返すと集中を妨げる！
まとめて丁寧に返信するのがベター

法則 36

朝と就寝前はメールを読まない

「朝起きるとたくさんのメールが来ている……」

そんなことがありますよね。海外とやりとりをする人であれば、時差もあるのでうんざりする日もあると思います。

でも、朝一番でメールの返事をしてはいけません。

なぜか？　それはメールの内容が必ずしも嬉しいものばかりではないからです。

朝は、爽やかです。でもそんな朝にいきなり上司や取引先から電話がかかってきて、「馬鹿野郎！」「何やっているんだ！」「やめてしまえ」と怒鳴られていたら、その日一日台無しになりませんか？

「今日は朝からついてないな」などと思ったりしますよね。凹んだりしますよね。

メールも同じです。でもメールは、電話などと違って、時間を選ばずかかってくることはありません。そう、見る時間を選ぶことができるのです。

ですから、一日の始まり、朝は楽しく過ごしましょう。

僕は、朝起きてチャットもメールもまずは見ません。それよりも楽しく過ごして朝食を食べ、散歩をして心を整え、シャワーを浴び、仕事の準備をして出かけます。

そして、朝8時。オフィスに着いてから深呼吸をしてメールを見ます。朝9時からミーティングがある時は、まずはその前に関連するメールだけを軽く読んでミーティングに挑みます。そうしないとミーティングについていけません。ろくに理解もせずに参加するのではあまりにもミーティングがお粗末です。また、場合によってはそのミーティングの中止を告げるメールが来ている場合もあります。

そのメールを見ずに、先方まで行ってから気がついたということは幾度もあります。ですから最低限のメールはチェックしますが、それ以外はスルーします。

さて、最初のミーティングが終わって心も身体も温まってから、一気にメールを読みます。ガツンガツンと。

その時間になると、多少ショックな内容のメールだろうが、多少相手が怒っていようが、クレームだろうが必要以上に気にすることはありません。

すでに、脳みそは仕事モードですので、結構大丈夫です。嘘だと思ったら、一度挑戦してみてください。本当にスッキリします。しかも脳が温まっているから、ものすごい速度で返せるのです。

心と脳の準備運動ができてから行動に移せば、効率が上がります。

逆に寝る前も同じです。寝る前に気になったことはその後もずっと脳の中で順繰り順繰り巡っていたりします。夢に出てきたりもします。**だから寝る直前はできる限りメールを読みません。**そうではなく本を読んで寝ます。

すると心地いい夢を見ることができるのです。ぜひともやってみてください。

前述のとおり、睡眠は非常に大切。メールなどの返事を書いたり、気にしながら寝るのは健康によくありません。

いちばん大切なのは健康です。それを絶対に忘れてはいけません。

やりぬくポイント
36

朝は仕事モードに切り替わってからメールを確認！
寝る直前もメールは読まない！

朝一番にメールを読まない

受信したメールのなかには
気分を悪くさせるものも
ある

こうならないように……

朝一番は必要最低限のメールのみ読む

朝のミーティングに関する情報や、
知らないといけない内容だけ
読んでおく

落ち着いた時に他のメールを読む

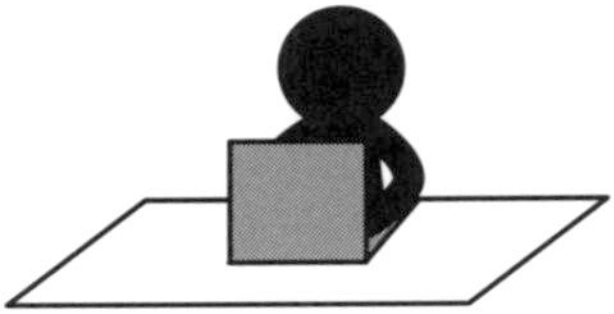

多少ショックな内容が
あっても気にせず、
一気に返信をしていく

**仕事へのモチベーションが下がらないように、
メールを読む時間やタイミングも工夫する！**

法則 37

メールは限界まで短文にする

「メールは丁寧なほうがいい」とずっと思っていました。

だがある人との出会いが僕を大きく変えました。

その方は、某外資系ＩＴ企業の優秀なマーケティング担当の方でした。

超優秀で、本当にマシンガンのように仕事をする女性で、しかも僕よりも若く年収も高い成功者です。

その方と仕事をしていて、ちょっとした違和感を覚えました。**というのもメールのタイトルが「共有」「参考」と書いてあって、ＵＲＬを貼りつけているだけ。**

僕が企画書をお送りしても「ＯＫ」「ＮＧ」「つまらない」「予算的に無理」「再考」など、文字が一つだけ。

会食の連絡であっても「承知」と実にシンプル。会議も非常に短くいつもたったの20分ぐらい。実に合理的な人でした。

しかも実際に会ってみると、そんなに素っ気なくもなく「野呂さんお元気？」と素敵でいい感じでした。

たしかにメールは時にそっけないのですが、とにかく速い。送ったら10分後には返事が返ってきます。仕事の速度がものすごく速くてとにかくびっくりなのです。

ただ、毎回「無い」「つまらない」「ボツ」「採用」というそっけない返事だと、敵を作ったり、相手を不安にしかねません。

僕も「あの方には嫌われているのではないか？」と思ったことがありました。メールを開けるのさえちょっと嫌な感じなのです。ちょっとだけ吐き気もするようになり、無理モードに。本人に言うのもちょっと勇気がいるので、その方の上司に相談をしました。

すると、**なんとその上司に対するメールも、僕に対するメールと全く同じ感じだったのです。**

結局、その方は次のようなことを考えて、超短いメールを送っていたのがわかり、疑念を払うことができました。

・仕事は速度が一番

・判断をするのが仕事だからジャッジしただけである

・仕事相手に好き嫌いなどの感情はない

逆に言えば、このような意思が相手に伝われば、メールを短くしても問題ないでしょう。

僕もそのエピソード以降、メールは短めにしました。できる限り短く、下手すると挨拶もしていない。でも仕事はどんどん進みます。短ければ読む方も楽です。挨拶は会った時にでもすればいい。英語のｈｉは、本当に短くて便利です。僕も、「こんにちは」ぐらいは書くようにしています。

メールは短ければ短いほどいい。それは絶対です。

やりぬくポイント
37

短いメールは書く方も読む方も楽！「メールが短い人」と認識してもらおう

メールは短文で送る

短文メールを送る人という認識を持ってもらう

➡ そうでないと、相手を不快にする恐れがある

短文で送る文言例

なにとぞよろしくお願いいたします。	➡	なにとぞ。
今回、採用となりました。	➡	採用。
まもなくお送りします。	➡	まもなく。
承知いたしました。	➡	承知。
情報を共有いたします。	➡	共有。
ありがとうございました。	➡	感謝。
こちらから連絡差し上げます。	➡	こちらから連絡。
どちらがご都合よいでしょうか？	➡	ご都合いいのは？

相手を不快にさせないように、
短いメールを書く人だと事前に思われよう！

法則

38

予定調整は自分で主導権を握る

面会や会議、ミーティングなど、ビジネスには本当にたくさんのスケジュール調整が発生します。

「どうしましょうか？」

「いつにしましょうか？」

などとメールを往復していると、どんどん時間がかかってしまいます。

僕のアシスタントは、毎日僕のスケジュールを数十調整していますが、そんな時にルールがあります。

こちらからスケジュールを5つ提示し、全てダメならまた5つ。その繰り返しと決めています。するとたいてい最初のメールでスケジュールが決まります。

以前は、

「来週はいかがですか？」

「来週は残念ながらいっぱいです」

「再来週は？」

などとやりとりをしていたのですが、本当に時間がかかります。

それよりも、こちらの要望を伝えて、調整をしていったほうが早いのです。

「ランチを食べながらミーティングをしたいのですが、いかがでしょうか？」と要望を伝えます。

・スケジュールを5つ送る
・場所は先方がいいのか？　こちら側がいいのか？
・ランチならこちらで場所の提案
・料理は「中華はいかがですか？」と提案
・「お嫌いなものはございませんか？」と尋ねる

それらの確認事項は一つのメールで完結できます。
相手も、日時と場所などを確認して、連絡してきます。もし気に入らなければ
「場所は御社に伺わせてください」
「ランチの場所はこちらでセッティングさせてください」

「野呂さんの嫌いなものは納豆ですよね？」

などとメールが来ます。

先ほどメールは一文字でも少ないほうがいいと述べましたが、**メールの行き来も少ないほうが楽です。そのためには、あらかじめ何を確認したらいいのかを考え、一つのメールに確認事項をいくつも入れるのがポイントです。**

特にメールの数は、非常に多い。ChatworkやSlackの時代であっても、まだまだ日本ではメールが主流です。

あとは、主導権がどちらにあるのかも明確になります。**先に、メールを送るほうに断然主導権があります。**そんなものです。どんどん決めていく癖をつけましょう。

この話をすると、何となく相手の方が偉い人だから決めてもらおうと思っている人もいるでしょう。

でも主導権はまた別の問題です。主導権というと難しく感じるかもしれませんが、そんなことはありません。

こちらから提案して「この日はいかがですか?」「この件はいかがですか?」と聞けばいいのです。**主導権を持って行うと「この人は決められる人だ」と思われますし、仕事が加速すること間違いなしです。**

相手には選択肢を与えればいいのです。

相手に考えさせることを少しでも減らせばいいのです。

やりぬくポイント

38

メールにはいくつもの確認事項を入れる!
往復は可能な限り少なくしよう

法則 39

SNSは見る時間と場所を決めている

スマートフォンを見ていると、色々と気になります。

フェイスブックにＬＩＮＥにツイッターにインスタグラム……などなど。

以前の僕は、フェイスブックを見ていて、気がついたら1時間が経っていたということも何度もありました。YouTubeを2時間も見ていたこともあります。


そこで決めました。

ＬＩＮＥ以外は、すぐに見ないと決めました。ＬＩＮＥはいろいろな連絡が来るので、パソコンでも見られるようにしています。

僕の場合、ＬＩＮＥをビジネスに使っている会社もあり、ＬＩＮＥだけで成り立っている関係性の企業もあります。

ですから必ずチェックします。


でも、それ以外はまず緊急事態はないので放置しています。**仕事中はもちろん、移動中もＳＮＳを見るのはやめました。**

もちろん、フェイスブックから情報収集もしていますが、東洋経済オンライン、Forbesなどの記事をウェブで見たほうが情報収集の効果は結構大きいのです。

ですからＳＮＳは、あまり見ません。

「野呂さん、投稿しているじゃないですか！」と言われそうですが、僕の投稿は非常に短いです。

ブログも本当に短時間で更新します。１０００文字くらいなら、会議が終わった隙間時間の数分で書きます。

どうでしょうか？

５分ぐらいで書き上げます。フェイスブックに関しては本当に短いです。

では、僕はＳＮＳをどこで見ているのでしょうか。

その答えは、**ズバリトイレです。トイレの個室で用を足しながら、１、２分の間でフェイスブックを楽しみます。**

いいねボタンも押すこともできます。返事やメッセージも簡単です。そんなふうにしてどんどんやっていくことが先決です。

フェイスブックやインスタグラムは、人とつながっているので中毒性があります。そう、人は寂しいのでどんどんハマるのです。

またスマートフォンは小さくて持ち運びが便利なので、思わずＳＮＳで遊んでしまいたくなります。

子供の頃、僕はテレビやラジオにハマりました。そして親によく怒られたものです。「いい加減にしなさい」「勉強をしなさい」と。社会人になっても放送作家という仕事柄テレビをダラダラ見る癖がありました。

しかし、大人になってその習慣から脱出できました。

それは「目的を明確にした」からです。**「このテレビ番組は企画を分析するために」「ナレーションを分析するために」「情報を得るために」などと明確にして行動をしています。**

それがダラダラと見るのをやめる〝仕組み〟です。

人はルーズな生き物です。できれば楽をしたいと考えています。

でもそれは破滅への道にすぎません。

社会人になれば自分次第です。仕事のペースも自分次第です。

仕事中にタバコを吸ったり喫茶店でサボったりするのと、ＳＮＳで遊ぶのは同じ行為です。

したがって、自分で自分にブレーキをかける必要性があります。

僕は友人からこんな言葉を学びました。**「ルーズは失敗の母」**。

本当にいい言葉です。まさにそうです。


僕は心の中で、ここでインスタグラムで遊べば、10万円を失うと考えるようになりました。10回で１００万円を失います。

とはいうものの、毎日5回ぐらいはトイレにいくので、その時にちょっとだけ見て楽しんでいます。

人は楽しいほうに流れる癖があります。

さあ、自分で自分の仕組みを作りましょう。

もし、どうしてもやめられないならスケジュールにＳＮＳをやっていい時間を書きましょう。

するとその時間以外はやらないので、物事が一気に進みます。

やりぬくポイント

39

ダラダラ時間が貧乏を招く！

スマホをいじるなら時間を決めよう

第4章

やりぬくポイント

やりぬくポイント 34
「失念」はビジネス最大の敵！
自分を信用せずに管理を

やりぬくポイント 35
いちいちメールを返すと集中を妨げる！
まとめて丁寧に返信するのがベター

やりぬくポイント 36
朝は仕事モードに切り替わってからメールを確認！
寝る直前もメールは読まない！

やりぬくポイント 37
短いメールは書く方も読む方も楽！
「メールが短い人」と認識してもらおう

やりぬくポイント 38
メールにはいくつもの確認事項を入れる！
往復は可能な限り少なくしよう

やりぬくポイント 39
ダラダラ時間が貧乏を招く！
スマホをいじるなら時間を決めよう

第5章

やり忘れを防ぐ ルーティン化の法則

法則

40

朝にやりたいことは事前にリスト化する

「しまった！　糸ようじでプラークをとるのを忘れた！」

「あちゃー　ハンカチを忘れた。コンビニで買うか」

「げ、靴を磨くのを忘れた。ミスターミニッツで磨いてもらうか」

など、僕が自宅を出てから30分ぐらいはそんなことの連続です。


僕は根っからだらしない人間です。とにかく、朝から、いろんなことを忘れてしまいます。出かける時に持っていくべきものを忘れるだけでなく、朝しなければならない行動そのものを忘れてしまい、一日中気にすることもあります。

「あー、鼻毛がちょっと出ているかな」

「あー、爪が長いな。切ってくればよかった」

などと思っていると、一日中、気持ち悪いです。

イライラして仕事に影響しそうな勢いです。

あなたにも、そんな経験、ありますよね？


朝は、一日のスタートです。爽やかにスタートをしたいものです。しかし、そこで、忘れ物や「あっ」ということが起こってしまうと、本当にがっかりします。
そんな時、「この後も、さらに運が悪いのかもしれない」とか「さらに悪いことが起こるのではないだろうか？」「今日は、ずっと嫌な感じなのかもしれない」などと思ったりする日も度々です。

そう、たかが、鼻毛のケアや糸ようじの使い忘れだけで、一日中嫌な感じです。
なんとかしなければならないと思いました。
そこで僕は、**忘れ物の負のスパイラルから脱出するため、ある施策を考えました。**
それはメモを書くということです。
実に簡単な仕組みです。

最初はノートに書いていたのですが、どんどんやるべきことが増えていきました。
・自分の部屋のゴミを捨てる
・キッチンのゴミを捨てる
・リビングのルンバ（ロボット掃除機）を動かす。ゴミを捨てる

・トイレ掃除
・タオルの交換
・風呂の掃除
・GUM（液体歯磨き）でうがいをする

どんどんメモに書いていったら、項目が山のようになってしまったのです。

それに紙は洗面所でフニャフニャになりますし、メモも書き足していくとどんどん汚くなります。


そこで考えたのが、Googleのスプレッドシートです。

パソコンで打ち込み、スマホでチェックします。アプリを使えば超カンタンです。

本当に便利です。ぜひとも使ってみてください。


朝、歯を磨きながら「糸ようじを使わねば」「奥歯は別のブラシで洗う（磨く）」「鼻毛と耳毛を剃って」など、スマホでチェックしながら行動をするだけです。

すると、いろんなことを忘れないようになります。

スマホを見ればわかるので、出張や旅先でもその行動を再現できます。

今日現在、**僕のスプレッドシートには、34個の朝やるべきことが記載されています。**

「朝からそんなに？」と思われるかもしれませんが、あっという間です。

そう、スケジュールさえ組めば、人はどんどんできるのです。

さらに能力を発揮でき、物忘れのイライラから解放されます。

やりたいことはメモを作り、それをスケジュールにするだけです。

毎日朝、次々とタスクをやっていけば、忘れ物がなくなります。

やりぬくポイント 40

朝の忘れ物は一日の運気を下げる！
スマホを見ながら漏れないよう管理！

法則41

朝風呂に入りながら仕事を進める

僕のスケジュールは睡眠に合わせています。

23時には何が何でも寝ようと考えています。

そんな時に考えるのは、

「僕は宇宙飛行士だ。早く寝なければならない」

「宇宙飛行士のお風呂は、超短いに違いない」

と、自分を宇宙飛行士にたとえて行動しようということです。


そのため、帰宅が遅くなった日には、とりあえず3分ぐらいでシャワーを浴びてとっとと寝ます。

とにかく汚れを落とし、歯のプラークを落とし、ハゲ防止のトニックを塗り、ちょっと頭をマッサージして寝ます。そんな毎日です。


その代わり、朝、お風呂に入ります。

ジョギングして汗をかいた後、湯船に入ります。そこで、雑誌を読んだり、スマホで読書したりします。朝一番で日経新聞は読んでいるので、もっぱらdマガジンを読んでいます。

最近のiPhoneは防水なので、安心してお風呂で雑誌を楽しむことができます。

どんどん読んで、できることを見つけたら、すぐにChatworkやSlackで指示を出します。

そう、お風呂に入っている時間もどんどん進みます。スマホのなせる業です。

本も、スマホのアプリのKindleでどんどん読みます。速度をアップしてどんどん読んでいきます。多分、僕は紙の本の倍の速度で読めます。

紙の本は、水分でフニャフニャになってしまいますが、iPhoneでKindleで読むときは、そんなことがありません。

だから気にせずどんどん読みまくりです。

僕はせっかく買った道具は最大限使う主義です。

だから防水ならどんどん濡れる場所で使おうと考えています。

もし、壊れてもそれは仕方がない。**ハードに使うことが何よりも大切です。**道具は人間を幸せにするためにあります。使わないと損です。

お風呂でのんびり30分。その間に結構な数の仕事が終了します。

歯を磨いたり、髭を剃ったりするときは、YouTubeに変えたり、テレビ東京オンデマンドを観たりして、情報を手に入れています。

動画や音声は、作業をしながらも楽しめます。

特にニュースは映像よりも情報をゲットするほうが大事です。

自宅に無線Wi-Fiを設置すれば、ネット環境も非常に良好になります。

さあ、お風呂を有意義な仕事場に変化させましょう。

やりぬくポイント
41
お風呂の中でも防水のデバイスをフル活用!
スッキリしながらどんどん仕事を進めよう

朝風呂での過ごし方を決める

帰宅が遅くなったら……

今からお風呂に
入ると23時に
就寝できない……

→

お風呂に入る時間は、
朝6時30分
にしよう！

あくまでも寝る時間は厳守して考える

お風呂の時間ですることを決める

（例）　dマガジンを読む
スケジュールの確認
YouTubeを見る
手帳を片手に1日の反省
本を読む、など

お風呂に入りながら30分でできることを探しておく

**お風呂に入る時間を考え、
その間でできることを決めておく！**

法則 42

充電リストを作る

今、いろいろなモバイル機器が溢れています。

僕は、iPhone、macbookpro、iPadpro、アップルウォッチなどを活用しているので、それらを充電します。毎日4つも充電です。

以前は、「あっちゃー、充電し忘れた」「げ、電池が切れた」ということが日常茶飯事でした。コンビニでスマホ用の充電器を買った経験は一度や二度ではありません。何度もあります。値段も2000円ぐらいと安くはありません。10回買ったら2万円です。あなたにもそんな経験ありますよね？

ちょっとした仕組みを作るだけで、それらは解消することができます。

それは、リスト化。先ほどの朝にやることと同じように、僕は自宅に帰ってからやることもリスト化しています。

自宅に帰ってから、スマホでメモを見ながら充電します。寝る前にもう一度ちゃんと充電しているかなと確かめます。

特に、アップルウォッチは充電器が特殊で、外出先で手に入れることは難しいです。さらに電池も1日ぐらいしかもたないので、2日目は厳しい結果に。

でも非常に便利なので手放せません。

夜寝る前にリストを見て、充電しているものをチェックします。朝使っているのと同じスプレッドシートです。その夜の欄を見るだけです。

このリストはもう2年も使っているのですが、それでも「あ、忘れた」的なことが時々あります。

iPhoneも今はワイヤレスで充電できるようになり便利になりました。

専用の台に置くだけで充電できるのですが、ついつい、充電器に置き忘れることが日常茶飯事です。充電は、僕らがご飯を食べるように、ある意味命綱です。

これらのガジェットは僕にとっては、戦場で使う武器のようなもの。毎日完璧にメンテナンスをして使います。それが日々、ガジェットのスペックを出し切るための儀式です。機器も人間も充電が必要です。

やりぬくポイント

42

ガジェットはビジネスを戦う武器！
充電忘れがないようリストで管理

法則 43

帰宅したら必ずバッグをカラにする

以前の僕は、「あ、しまった！」と仕事場で後悔することが多々ありました。

・前の日にもらったお菓子が、バッグの中でぼろぼろになっていた
・飲みかけのペットボトルが入っていた
・領収書が散らばっていた
・飴が溶けていて気持ちが悪い
・途中で解いたネクタイがくしゃくしゃのままバッグに入っていた

など。

そんな時、非常に気分が悪いものです。なんで、こんなものがバッグに入っているんだと思うこともよくありました。

特に、前日使ったタオルやハンカチがバッグに入っていると最悪です。濡れていたりすると本当に嫌です。

ですから、10年ほど前からでしょうか？

自宅に帰ったら一度、バッグから全部荷物を出します。

そして、濡らしたタオルで中も外も一度拭きます。キレイに拭きます。気がつかないと思うのですが、バッグはたくさんのホコリが積もってしまうのです。

またポケットに変なものを入れてしまうことも日常茶飯事です。


しかし、夜にチェックをすればそんなミスはなくなります。皆無です。スッキリします。

「面倒くさいな」と思うかもしれませんが、実際にやってみると、本当に3分ぐらいの作業です。

そう、バッグはそんなに大きくありません。僕はビジネス用のリュックを使っていますが、2分かかりません。本当にすぐにキレイになっていきます。

そこでさらに薬のチェックなども行います。

僕は、ジップロックを薬入れとして使ってます。毎日薬を持ち歩いているので、「これは朝」「これは昼」「これは夜」と3種類を袋に入れます。

飲み忘れは損失なので、とにかく正確に入れます。**翌朝にやればいいと思っていると絶対に忘れます。**それは本当にNGなので、何が何でも夜にやります。

「明日の朝やればいい」と言えども、僕は朝に30項目以上のタスクがあります。だから前日に終了しておくことが重要なのです。そのために懸命に努力をするのです。努力と言っても、全部やっても5分程度です。

・バッグからものを全部出し、掃除
・名刺と薬を補充
・当日の名刺をエイトでスキャン
・必要に応じてメールで挨拶
・充電が必要なものは充電

そして、必要なものを再びバッグにしまいます。ただそれだけです。

戦場で忘れ物は命取りです。それと同じように、ビジネスの世界でも忘れ物は命取りと考えましょう。

あとは、翌朝、充電が終わったものを入れるだけ。

そして、同時に着ている洋服もチェック。

何か食べ物のソースがついていないか、何かほつれていないか、破れていないかなどを確認します。

ブラッシングをしてクローゼットにしまいます。汚れている場合は、クリーニングに出します。汚れた上着やシミのついたネクタイはご法度です。

僕は、自分を信用しません。だから、リストに記載してちゃんと制御します。

ちょっとした仕組みで自分を動かすのです。

やりぬくポイント
43

バッグには翌日使うものだけ入れる！当日準備しようとすると必ず忘れる

自宅に帰ったら「やることリスト」で動く

充電するものはないか

（例） スマートフォン
iPad
アップルウォッチ
Kindle、など

バッグの中の確認

手順
① すべて取り出す
② いらないものは捨てる
③ 明日使うもののみバッグに入れる

スーツや洋服の確認

手順
① ほつれや汚れがないかチェック
② 明日、身につけるものの準備

やることリストを作り、前日の準備をすれば、明日の時間が充実する！

法則 44

最高の明日をシミュレーションする

夜23時。僕にとっては、完全に寝る時間です。

しかし、寝る前にやるべきことがあります。それは翌日のシミュレーションです。

僕は昨日もやりました。ベッドで寝転がりながら、Googleカレンダーをチェックします。

・明日は4時半に起床
・日経新聞を読む
・家でやるべきことをスプレッドシートを見ながらやる
・ジョギングをする
・風呂に入る
・最初の打ち合わせは、半年先のイベントについて。あとその予算。だが、結構面倒くさそうだ。先に安価なイベントの企画も考えておこう。
・2番めの会議は弊社にて。新規のコンサルティングの相談
・3番めは6月の海外イベントの企画案

など明確に想像します。

映像でシミュレーションします。

そして、

・17時から、フジテレビで構成会議。新規企画。自分も企画を出す。すでにワードで作成済み
・19時からクライアントと会食。銀座で鮨
・21時半西麻布で某編集長と一杯。情報交換。
・22時に帰宅

とシミュレーションをしていきます。

ポイントは、「自分が活躍しているシミュレーション」をすること。

企画が通る、発言をする、会議の中心人物になるなどのシミュレーションの時間、わずか10分です。目をつぶっていろいろと考えていきます。

すると「もしかすると、こんな企画を考えたほうがいいかも」「ここで、お土産で桜餅を買っていこうか？」「この移動中に、この本を読もう」などなどいろんなアイ

ディアが思い浮かびます。

そして、それを再びスケジュールに記載します。
すると、翌日のミーティングがさらに充実する可能性があります。

一方、トラブル防止にもなります。
・前回のミーティングでこんな懸念事項が出ていたから、その対策を提案しよう
・ここの移動時間が短いから、タクシーを手配しよう
・明日は移動が多すぎるから、ハイヤーがいいかもしれない
などなど。
トラブルを事前に察知することもできます。

さらに
・この会議、40分ぐらいで終わらせられるかも
・この会議、会議中にも作業ができるかも

・ランチはオフィスで適当に食べたほうがよさそう

など、時間節約のアイディアも浮かびます。

たった10分ですが、その10分で翌日の16時間の僕の仕事を整理整頓できるのです。それが超大切です。毎日シミュレーションをすると、翌日の仕事の充実度が全然違います。

しかも、**一度シミュレーションできているので、「予想通り」「予想よりもハードな会議だった」などと分析ができます。**

それが自分を強くします。予習復習が学力をつけるように、会議にも予習と復習が必要です。たった10分が翌日の1日の自分に自信をつけます。

やりぬくポイント 44

翌日の自分の活躍をシミュレーションしよう！
クオリティアップとトラブル防止の一石二鳥

法則 45

声でメモする

僕は、ジョギングが好きです。

すごく遅いのですが、ちょこちょこ走っています。そんな感じに好きです。

ジョギング中にいつもアップルウォッチは欠かせません。以前は、iPhoneも持っていたのですが、今はアップルウォッチだけです。


まず、アップルウォッチで音楽を聞き、ジョギングアプリを起動しています。運動量が記録されます。超便利です。

その他にも、ジョギングをしながら、いろんなことができます。

一番使っているのはタスクアプリです。**走っていると次々とアイディアが浮かびます。**そうしたら、そのたびにSiriで音声でインプットします。

Siriとは、アップルの音声ツールです。

「ヘイ！　Siri!!」と話しかけると、電話をかけたり、天気を聞いたり、スケジュールを確認したり、いろんなことができ、超便利です。最初は恥ずかしかったのですが、今は慣れました。

道路や公園などなら多少声を出しても大丈夫なので、いつも音声入力でメモを書いています。

ジョギングの後、いろいろなアイディアがメモ帳に入っていて超便利です。

そのメモをもとに行動すればいいのです。

最新のアップルウォッチは、電話機能もついています。ですから他のデバイスを持たずに出かけても大丈夫です。

もちろん、昔のＳＦ映画のように、腕時計で電話をかけているので、ちょっと勇気が必要です。でも、便利です。

ＬＩＮＥはスタンプのみで、フェイスブックメッセンジャーなら、先ほどのＳｉｒｉを使って返答をすることができます。超便利です。ＳＭＳも可能です。

また、アップルペイを使えば買物もでき、スターバックスへ立ち寄ったり、コンビニで水を買ったりすることもできます。自販機も使えます。

そう、現金を持ってジョギングに出かける必要性がありません。その他、マインドフルネスアプリもあるので、代々木公園で瞑想をしたりもしています。

そう、アップルウォッチ1台で、何役もできるのです。

たとえば、走りながら、仕事のアイディアをSiriを活用してメモできます。

さらにメッセージを送ることもできる優れものです。スマホもそうですが、現代のデバイスは多機能が常識です。

せっかくなので、多くの機能を使ったほうが得です。

ジョギングをしながら、音楽を聞き、さらに仕事も……。ながら仕事が当たり前の時代です。

また、身体を動かしていると、アイディアも浮かびます。ぜひとも挑戦を。

やりぬくポイント
45

スポーツ中はアイディアが浮かびやすい！

恥ずかしがらず声に出してメモを

Siri を使ってメモをとる方法

Siri でメモをとる

① まずは Siri を呼び出す

② ○○とメモして、と言う

たったこれだけで、メモがとれます！

Siri のメモ機能は、
ふとアイディアが浮かんだ時に便利！

法則 46

2時間に1回はトイレに行く

全ての根源にあるのは、身体です。

特に、僕の仕事は身体が資本。僕の代わりはいません。もし万一僕に何かがあったら、うちの会社は倒産です。

そのため、仕事中はできる限り、水を飲むようにしています。

コーヒーでもなく、ジュースでもなく水を必死に飲んでいる、そんな毎日です。

水は、飲むと1時間後には16％が尿として排出され、さらに6時間後には全てが排出されます。

それを計算しながら、できる限りトイレに行こうと決めています。

ただ、一生懸命仕事をしていたり、会議の連続だったりすると、思わずトイレに行くのを忘れてしまう日もあります。

そして結局、「やばい」と移動中にトイレに行きたくなり、懸命に探す羽目になります。

慌ててトイレに行っても、いいことは何もありません。

それよりも、定期的に行くことが何よりも大切です。ですから、必ず2時間に一度はトイレに行くようにしています。

無理矢理でも行きます。でも不思議なことに出るのです。洋式便座に座っていると出てきます。そんなことをやっていると、次第に身体も慣れてくるので、お勧めです。「2時間経ったからトイレに行かないと」と、体内時計が動き出すのです。不思議なものです。

おかげで、腎臓も肝臓も絶好調。毎日3リットル以上の水を飲み、どんどん飲んでどんどん出すというのが僕の健康の秘訣です。

しかも、トイレは必ず個室に入ります。なぜか？

一つは、落ち着いて用が足せるから。

もう一つは、完全に孤独になれますので、ほっと一息つく瞬間を作れるからです。

僕は毎日、いろんな用事で100人以上の方に会います。そんな毎日を実際、しんどく感じることもあります。

あなたも、高速で進む時間にちょっと疲れていませんか？

考えが煮詰まりすぎてしまう日はありませんか？

そんな時はトイレで完全に一人になり、気持ちを落ち着かせましょう。


ちょっと変な話ですが、暑い夏などは身体にこたえるため、用を足していないのに、ウォシュレットで洗うこともあります。

すると暑さが緩和されて、なんとも気持ちがいいのです。スッキリします。


ですから個室内の2、3分の休憩は本当に効果絶大です。

さらに、スマホを持ち込んでいれば、フェイスブックを楽しんだり、ChatworkやSlackに届いているメッセージに返事をすることも可能です。


だから、この方法だと、**少なくとも2時間に一度は返事ができます**。意識的にトイレタイムはＳＮＳやチャットの返事をする時間と考えれば、いつ返事をしようと思い悩むこともなくなります。これも一つの仕組みです。

そう、僕にとってはトイレは都会のオアシスなのです。と考えると、街中に僕のオアシスがある感じです。２時間に一度のひと時。それが走り続けるビジネスパーソンにはとても大切だと思います。

やりぬくポイント
46

行きたくなくてもトイレに行こう！
どんどん飲んでどんどん出す

法則 47

どこでもスクワットをする

仕事をしているとどうしても、運動不足になりがちです。

しかし、なかなかまとまった時間で筋トレができないと悩んでいる人も少なくないと思います。僕もその1人です。

そこで、僕は電車の待ち時間を利用して、スクワットをやることにしました。**まとまった時間がとれないのなら、ちょっとした待ち時間に行う。**そういう仕組みを作りましょう。

普段からスポーツジムで筋トレをよくやるのですが、それでも運動不足なので、懸命に運動をする機会を作っています。

その一つがスクワットで、駅のホームでリュックを背負ったままやっています。たった3回しかできないこともありますし、5回の時もありますが、回数は少なくとも懸命に筋肉を動かすことが大事だと思っています。

スクワットは腿を使うので、血流が良くなります。しかも腿の筋肉量は半端じゃなく大きい。人間で最も大きな筋肉です。それを思いっきり使いましょう。

その他にもオフィスで腕立て伏せをすることもありますし、時には逆立ちも。身体を無理矢理にでも動かすことは、脳にもいいのです。

あなたは身体を動かしていますか?

下手すると1日1000歩も歩いていないとしたら、それは完全に運動不足です。

そんな運動不足を解消するために身体を鍛えるのです。

先ほどのトイレもそうですが、身体は資本。スケジュールの合間に身体を動かし、少しでも健康維持と気分転換に努めましょう。

そう、スケジュールにないお釣り時間の有効活用です。

今日も2度ほどスクワットをしました。ファイトです。

やりぬくポイント
47

ちょっとした待ち時間にちょっとした運動を!
スキマ時間を使って運動不足を防ごう

第5章

やりぬくポイント

やりぬくポイント40 朝の忘れ物は一日の運気を下げる！
スマホを見ながら漏れないよう管理！

やりぬくポイント41 お風呂の中でも防水のデバイスをフル活用！
スッキリしながらどんどん仕事を進めよう

やりぬくポイント42 ガジェットはビジネスを戦う武器！
充電忘れがないようリストで管理

やりぬくポイント43 バッグには翌日使うものだけ入れる！
当日準備しようとすると必ず忘れる

やりぬくポイント44 翌日の自分の活躍をシミュレーションしよう！
クオリティアップとトラブル防止の一石二鳥

やりぬくポイント45 スポーツ中はアイディアが浮かびやすい！
恥ずかしがらず声に出してメモを

やりぬくポイント46 行きたくなくてもトイレに行こう！
どんどん飲んでどんどん出す

やりぬくポイント47 ちょっとした待ち時間にちょっとした運動を！
スキマ時間を使って運動不足を防ごう

第6章

ストレスをなくす
マイルール作りの法則

法則 48

YouTubeを観るときは必ず次の予定を入れる

みなさんはYouTubeを観ますか？

僕はよく見るのですが、気がつけば2時間もYouTubeを観続けていた経験が何度もあります。ついダラダラと観てしまうのです。

さすがGoogleのグループ会社。YouTubeのリコメンド機能も本当に凄いです。

思わず次々とクリックしてしまいます。

「あ、これも観たい」「これは面白そうだ」と、再生ボタンを押してしまう……そんな経験ありますよね？


以前は、フェラーリやランボルギーニといったスーパーカーの動画をダラダラ観ていました。ところがある日思ったのです。「どうせ買わないのだから、見る意味がないのではないか？」と自問自答しました。

そこで、観るのをやめたのです。キッパリと。

もちろん、スーパーカーを買うのに比べて動画を観るのはまったくコストがかからないので、多少観たりするのもいいかなと思うのですが、どうしても際限なく観てしまいます。だからやめました。

ちょっと前までは、お笑い芸人のサンドウィッチマンとナイツの動画を気に入っていて、何度も観ていました。しかし、いつも同じところで笑うだけなので、「何度も観なくても」と自分を否定しました。そう、自問自答をしたのです。

「同じものを何度も観て学べないなら、意味がないな」

「僕の人生の目標は何だっけ？」

「世の中をどうするんだっけ？」

すると、「そうだ、面白くするんだった」と思い出し、動画視聴をやめていました。

もちろん観ることもあります。息抜きが必要な時もあります。笑いたい時もあります。

そんなときは、「この30分間だけ」と明確に決めて、スケジュールに書くのです。

「これからちょっと観るだけなのに」

そう思うかもしれませんが、**僕は土曜日の午後などに「15時から16時YouTube」と書くことで、自制が働きます。**観すぎないためにその後のスケジュールも記載すれば、16時から別の行動に移せるのです。

ダラダラとムダな時間を費やさないための〝仕組み〟とも言えるでしょう。

また、TBSの「水曜日のダウンタウン」という番組が大好きで、毎週スケジュールを決めて見ています。

僕にとっては、テレビ東京のビジネスオンデマンドを観るのも、YouTubeを見るのも同じです。スケジュールを決めて、鑑賞をするのです。

僕は、中学高校時代、自分の欲望のままにラジオ番組を楽しんでいました。毎日5時間ぐらいダラダラ聴いてました。勉強をしていませんでした。

それが原因で、残念ながら一流大学には行けませんでした。

そう、「計画を立てる」「それを実行する」ということができなかったのです。

もっと真剣に勉強をして成績がよかったら、今の人生はもっと別のものになっていたかもしれないと日々思います。

だからそれを反省して、**YouTubeを観る時間もスケジュールに入れ込み、必要以上に観ない仕組みを作っています。**

それが何よりも大切なのです。

人は楽しいことが大好きです。

でも楽しいことは目標達成の妨げにもなります。

インド人の友達から教えてもらった言葉があります。

「ルーズは失敗の母」という言葉です。ごもっともです。

その言葉を心に刻みながら懸命にスケジュール管理とスケジュールによるマネジメントを心がけています。

やりぬくポイント
48
ダラダラ時間が人生の失敗を招く！
ムダな時間を使わない仕組みを作ろう

法則

49

待ち合わせ場所は絶対に間違えない場所を指定する

待ち合わせの相手と出会えなかったり、相手が勘違いして別の場所に行ってしまったら、それにイラッとしてしまう……。

そんなことありますよね？

勘違いのせいでミーティングや会食の時間が、20分遅れた、30分遅くなったという経験はみなさんにもあると思います。

今一度、振り返ってみてほしいのは、**あなたが知っている場所は必ずしも相手も知っている場所とは限らないということです。**

世の中そんなものです。あなたの常識が相手の常識ではありません。

だから、待ち合わせをする時に「ここはわかりやすいかな？」と自分の常識を疑いましょう。

僕は過去に、東京のグランドハイアットホテルとパークハイアットホテルを間違えたことが幾度もあります。

シャングリラホテルとペニンシュラホテルを間違えて、タクシー移動をしたこともあります。本当に焦ります。そして焦るとその後のミーティングはうまくいかない場合が結構あります。

マクドナルドやスターバックスコーヒー、ドトールコーヒーも同じ最寄り駅に数店舗あることはザラです。東京の本郷三丁目の駅近くには、ドトールコーヒーが2軒あり、待ち合わせで間違えたことは幾度もあります。原宿にスターバックスコーヒーは3軒もあり、待ち合わせの相手と出逢えないこともありました。

だから逆に「間違えにくい場所」を設定することが大切です。

まずは、相手のことを考える。相手のオフィスならいいのですが、外で待ち合わせの場合は、相手のオフィスの近くか、もしくは都合のいい場所を探りましょう。

そこで、大切なのは、「わかりやすい場所」ということ。

とは言うものの、駅の○○口改札前で待ち合わせをするのもちょっと格好悪い。デートや美味しいグルメの集まりではありません。しかも雨が降ったり夏の猛暑だったりしては待つのも大変です。

そこで、僕が設定するのはいつもホテルです。

ホテルはタクシー移動もできますし、非常に分かりやすいです。お茶もすることができますし、トイレも広く相手が女性の場合メイクを直すのにも適しています。

ただし「ロビーで待ち合わせ」というのはよくありません。ちゃんと店の名前を伝えましょう。コーヒーショップにも名前がついています。

でも、先ほど述べたように場所を間違えることもありますし、勘違いもあります。

そんな時のために、場合によっては地名を相手に伝えておきましょう。

〝六本木〟のグランドハイアットホテルとか、〝新宿〟のパークハイアットホテルと地名を明確に伝えれば、間違える確率は低いです。

そもそも、前日にリマインドメールをすることで、最終的なトラブルを回避できます。

その時にぜひとも待ち合わせ場所のＵＲＬもお送りしましょう。それなら万全ですが、それでも間違えるのが人間なのです。

最終的に全ては、自分の時間の管理につながってきます。
待っている間もイライラしたりすると、あなた自身が損します。**携帯電話ができてから待ち合わせがいい加減になりがちですが慎重に丁寧にやりましょう。**スタートが肝心です。とくに初対面の場合は。

やりぬくポイント
49

待ち合わせ場所は店名や地名まで伝える！
絶対に間違えない配慮を

法則

50

1人のランチは決まったものを食べる

「お昼何にしようかな……」と悩むのは時間の無駄です。もちろん同僚と食べに行くならあれこれ迷うのも楽しみのうちかもしれませんが、1人なら無駄です。というか、**ランチぐらい適当に済ませるのが望ましいです。時間とお金の無駄です。**

一番望ましいのはデスクで食べることです。外資系企業で働いた時、びっくりしました。そこは米国企業だったのですが、みなさん刻んだ野菜や適当なサンドウィッチをタッパウェアに入れてきていました。

彼らはいずれも年収1500万円をはるかに超える、やり手の米国人です。林檎を2個ぐらい持ってきて、かじっている人もいました。

「それランチ?」と聞いたら「そう。昨夜の残り」「もったいないじゃん、お金が」と言われました。その通りです。とっととランチを済ませて仕事する人もいますし、漫画を読む人、会社のソファーで昼寝する人など、さまざま。

よくビジネス雑誌やテレビの番組で、「サラリーマンのランチがワンコインでかわいそう」というニュースを見かけますが、米国企業の彼らのランチ代は多分数百円です。ワンコインの500円は贅沢な方かもしれません。

いつも思うのですが、成功者ほど金銭感覚がシビアです。ちゃんとしているのです。**年収が高い人で、金銭感覚がルーズな人はいません。**

それは僕の経験上の共通点です。また、高級な財布を持っているのも無駄です。財布代は年収の200分の1ぐらいがいいという人もいますが、僕の周りにいる億万長者の財布は普通です。破れた財布を使っている人もいます。それを僕も見習っています。

ちなみに僕の財布は1万円ぐらい。もちろん、年収はその200倍以上あります。

さて、ランチの話に戻りましょう。

以前は、僕も格好つけていたのですが、そんなことは全てやめました。

僕も「ご褒美」とゴージャスなランチをしていたのですが、今は適当です。さすがに弁当はないのですが、1人の時はできる限りマクドナルドです。

そこで頼むのは、いつも同じセットです。ダブルチーズバーガーセットです。

ドコモのポイントもあるので、それを使って食べています。６５０円が無料です。もう行きつけのマクドナルドの人も慣れていて「いつも通りなんだろうな」という感じです。

そう、**１人で食べるご飯は燃料補給です。ガソリンスタンドに寄るのと同じです。**気にする必要性はありません。栄養があって午後ガッツリ働けるようにすればいいのです。

ただ最近、僕は医師から食べ物の注意を出されているので、できる限り炭水化物を食べないように努力をしています。炭水化物であるパンはできる限り残すようにしながら、マクドナルドを楽しんでいます。

大切なのは自分の時間をさらに作ることです。

そのために、自分１人の時は適当にランチを済ませます。

ちなみに夕飯も１人で食べる時はマクドナルドです。同じチーズバーガーです。

「昼も夜も一緒で飽きませんか？」と言われますが、そんなことはありません。だって、美味しいからいいじゃないですか。

投資の神様、ウォーレン・バフェットやマイクロソフトの創立者ビル・ゲイツもよくマクドナルドで食事をしています。好きなものは何度食べても大丈夫です。

会食は別ですが、**1人の食事は好きなものを1円でも安く1秒でも早く**。それが鉄則です。

迷ったり、選択に時間がかかったら面倒です。

特に食べ物は同じものを決めておけば超便利です。

やりぬくポイント

50

成功者はムダなランチ代を使わない！
安くておいしいものでサッと済ませよう

法則 51

小学生のように明日の準備をする

何度も述べているように僕は23時には寝ます。

寝る前に翌日のシミュレーションをするということを述べました。

そして寝る前にやることもスケジュールに書いています。

アシスタントと共有しているスケジュールではなく、自分のスケジュールに書き込んでいます。

それを見ながらチェックします。


まずは、iPhoneで翌日の天気のチェックです。

「明日は、傘がいるのだろうか？」「靴は何を履けばいいのだろうか？」など懸命に考えます。それで必要なら折りたたみ傘をリュックに入れます。

以前は高級な傘を使っていたのですが、最近は、アマゾンで買った１５００円の機能性満載の折りたたみ傘があります。超便利です。

冬など、気温によってはコートも必要です。そうやって毎日、懸命にシミュレーションしています。

さらに翌日着ていくワイシャツ、ネクタイ、靴下、下着を準備します。「小学生じゃないんだから」と思うかもしれません。でも朝はやることがたくさんです。あとは寝坊する可能性もあります。

やはり、自分を信用していないのです。

小学生は翌日の準備が必要で、大人は不必要だというのは大きな間違いです。小学生も社会人も翌日の準備は必要です。

たとえば、もし、明日いきなり米国のニューヨークに出張が決まったら、どうでしょうか？

いろいろと準備をすると思います。

パスポートを準備するのと同じように、僕は明日の書類を準備します。ニューヨークの天気や気温を調べるように、明日の東京港区の天気と気温を調べます。

小学生も大人も、ニューヨークも近所も同じです。大人だから、外国だからという区別はありません。常に最良の選択をする必要があります。

とはいえ、準備と言ってもたったの3分ぐらいのことです。大豪邸に住んでいるわけではないので、簡単に翌日の準備はできます。ですから傘もクローゼットに入っています。

ズボラな人にとっては、面倒に思えるかもしれませんが、事前準備こそ、ズボラな人をいい方向に変える工夫です。おろそかにはできません。

僕は以前はよく寝坊をしていたりなど、本当にだらしない人間でした。

自分がだらしないと知っているからこそ、生活に準備をとり入れ、全てを大きく変えました。

あとは、「明日何かをやろう」と思っても、翌日になったらほとんど忘れてしまうものです。「何をするんだっけ？」と思ったことは幾度もあります。

それよりも「明日は完璧だ」と思うほうが大切です。

僕は完璧な1日はないと思っています。だからこそ今日の反省をスケジュールに活かし、どんどん完璧に近いスケジュールを作ろうとしています。

それを実行できる自分がさらに好きになります。あなたにもその好きという感覚を身につけてもらいたいのです。

毎日反省し、そして翌日に活かす。それが完璧な人間にちょっとずつ近づく〝仕組み〟です。

僕は毎日、1ミリずつ完璧な人間に近づいています。そんな毎日です。翌日の準備は小学生にもできます。

だったらあなたは当然できるはずです。年齢とともに自分で自分をコントロールして、だらしなくしていきます。それを回避できるのがスケジュールなのです。

反省と改善を忘れずに。

やりぬくポイント

51

大人こそ「明日の持ち物」の確認を！

意識しないと人はどんどんいい加減になる

法則
52

時間はケチる
お金はケチらない

僕はいつも競争をしています。僕の競争相手は、「昨日の自分」です。昨日の自分よりも少しでも早く物事ができるように競争をしています。

だから、毎日のスケジュールに改善を加えています。最近はじめて成功をしているのが、ダイエットです。

毎日600グラムずつ減らそうと、スケジュールに書いています。

すでに、15日間で7・1キロ減らしましたが、残念ながら元が太りすぎで、アシスタントもまだダイエットの成果に気がついていません。

スケジュールには、体重が毎日減っていく様子と、さらに減少量の平均値、目標達成までの残りの日付も書いています。

目標を達成するために毎日努力をします。僕の体重は90キロ以上なので今は楽ですが、今後は厳しくなってくるでしょう。それでもスケジュールはスケジュールです。

さて、**移動はできる限り早いほうがいいと思っています**。僕は、前日に移動の仕方も考え、場合によってはスケジュールに書きます。

普通にネットで調べればいいのです。東京の場合、地下鉄は分単位で動くので、そんなに考える必要はありません。乗り換えも超便利で時間の誤差はそれほど生じません。

そこで、ネットで調べて地下鉄の乗り換えルートを考えます。また場合によっては、「A駅からタクシー」「B会場では、タクシーアプリで迎えを依頼」など準備をしておきます。天候によっては翌日のタクシーを前日のうちに依頼しておきます。

当日だと皆がタクシーを使いたがり、なかなか呼べない場合も少なくないからです。当日もし大雨で、びしょ濡れになるのは本当に嫌です。だったら準備をしておけばいいのです。

大切なのは、**移動時間を1分でも短くすること。**1分でも時間ができれば、その間仕事をすることもできます。

時々、時間がなければタクシーに飛び乗ることもあります。実はこの本の原稿も結構な量をタクシーで書きました。

タクシーなら乗り換えもないので、その間、集中して原稿を書くことができます。多少揺れても書けます。タクシー代が2000円かかっても、その間に数万円分の仕事をすることが可能となるのです。

サラリーマンの場合は、そんなことは難しいかもしれません。経費で認められないかもしれません。**ちなみに私の会社の場合は、社員には遅刻するならタクシーに乗れと言っています。**さらに、雨や雪で風邪をひくぐらいならタクシーを使いなさいと。夜中に帰る時も積極的にタクシーを依頼しています。万一トラブルや犯罪に巻き込まれたら、元も子もありません。

あとは、iPhoneを積極的に使っています。次の移動時間を音声入力すればすぐに検索可能です。

音声入力ができるようになって、僕の仕事は本当に効率的になりました。ものすごいスピードでいろんなことができるようになりました。本当にお勧めです。

自分の経験よりも、何百万人がリアルタイムに使っているGoogleの道案内の力は桁違いに強いのです。それを真剣に考えられるようにしました。

だからGoogleに頼れる場合は何でも頼ります。だって、僕の能力よりも優れていますから……。絶対にお願いしたほうがいいです。

スマホは本当に便利です。一方で高価なため、大切に使う必要がありますが、**たくさん使うと2年ぐらいでどうせ寿命が来るので、フル活用したほうがいいです。**僕はスマホをフル活用。その結果、移動時間がどんどん短くなっています。

さあ、移動時間は1秒でも短く。それで困るのはスキマの読書時間が短くなったことぐらいです。本を読む時間を別に作らねば……。

やりぬくポイント
52

移動は1分でも早く！
遅刻するぐらいならタクシーを使おう

法則 53

最終便には乗らない

以前の僕は、何でもギリギリでした。

お酒を飲みに行っても最終の地下鉄に乗り遅れて、結局タクシーという毎日でした。本当にその時間まで遊ばなければならないのかと思い、改善を図りました。

そうすることで、お金の節約にもなりますし、睡眠時間も増えました。寝る時間にあわせてとっとと帰ります。


出張でもそうです。

札幌の出張で、最終の飛行機で帰ろうと思ったのですが、飲みすぎてしまい、結局飛行機に乗り遅れ、新千歳から再び札幌に戻って宿泊したこともあります。翌日の早朝の会議に間に合わず、迷惑をかけたこともあります。完全なる失態です。

でも、そうしてミスを続けて犯したら、取り返しがつかなくなります。

そう、何度も言いますが、**人間はミスを犯す生き物です**。僕はそうです。僕は自分自身の能力は信用していますが、自分の管理能力は信じていません。

だからスケジュールを完璧にしようとしているのです。仮説を立てて考えようと思っています。

さて、話を戻しましょう。出張の話です。僕は最終の新幹線や飛行機を設定して乗り遅れたことが何度もあります。

だから今は最終を予約していません。**最終ではなく、2本前ぐらいに設定しています。**アシスタントにもそう依頼しています。

一度、パソコンで最終を調べ、その2本前で乗れるようにスケジュールを立て、チケットを予約しています。

それでも不慮の事故があったり、トラブルがあったりして、乗り遅れる場合があります。

しかし、それでも「結果的には最終の新幹線で東京に戻ってこれた！」となるのです。新幹線に乗ってしまえば、あとは安心です。

だから、自分を信用せずに常に調べています。

飛行機の時は、最悪のケースを常に考えています。天気が変わりそうだったら少しでも早い便に乗ります。1本でも早い便に乗ろうと考えています。

だからチケットは交換できるものを準備。もし満席でも空港にいれば仕事もできますし、さまざまな作業も可能です。

できる限り早くチェックインすることが大切です。

以前それを忘れて大変な事態を招いた経験があります。海外出張だったのですが、出国手続きを忘れていたのです。とっくに手続きを済ませたと勘違いをしていました。大失敗です。

それ以降、慎重に、飛行機の搭乗口近くで仕事をするようにしました。これでその失敗を繰り返すことはないでしょう。

そう、僕は多くの失敗をしながら進化して、今のスケジュール管理をしています。あなたもその習慣を身につけましょう。

あと、逆に朝一番の仕事の場合、前乗りで宿泊するようにしています。早朝の新幹線で移動するのもいいのですが、寝坊するかもしれないので、前泊です。

そうすればいろいろと安心します。

経費は自分持ちになることもあります。でも、**遅刻して成果を出せないのに比べれば、ビジネスホテルに宿泊する経費ぐらい気になりません。**

また、前泊によってその場所で友だちに会ったり、会いたい人とミーティングしたりといろんなことができます。

焦ると人は本来の能力を発揮することができません。焦らないようにスケジュール管理があるのです。

やりぬくポイント
53

うっかり乗り遅れても挽回できる予定管理を！焦りは仕事のパフォーマンスを下げる

法則 54

会食で使う店は10軒だけ

僕は、毎週5日は会食です。

昼も夜も、時には朝食も。だから多いときは週12回も会食があります。

昨日は、1次会と2次会で別の方と会食。2次会はノンアルコールビールを飲むだけでしたが……。

ところで、**あなたは会食のお店探しに苦労された経験はありませんか？**

気持ちはわかります。以前の僕は「新しい店を探さねば」「東京カレンダーで調べよう」と必死でした。

でもある時、バカバカしくなってきました。

「いつもの店でいいのではないか？」と思うようになったのです。

そこで考え出したのは、会食に使う店は10軒というルールです。

同じ店に行くメリットはいくつかあります。

・道に迷わない

・超常連客になるので予約がとりやすい

・ちょっとだけVIP扱いされる
・僕の嫌いな食べ物を店が知っている（以前は納豆が食べられなかったが最近改善。積極的に納豆を食べている）
・その店の予算感がわかっている
・二次会の店もすでにわかっていて便利
という具合です。

しかも超常連になると、店から「野呂さんにまずいものを出して来なくなっては困る」「もっと来てほしい」「喜んでほしい」などと思ってもらえるようになります。ときには「今日入ってきたサンマなんです」とお店からごちそうになることもあります。本当にありがたいものです。

そう、常連になるとメリット満載です。だから同じ店に行き続けるのです。

あとは、同じ人ばかりと会食をするわけではありません。

同じ人とご飯を食べるのは、せいぜい年に3回ぐらいです。だから、同じ店でも大丈夫です。時期が違えばメニューも変わります。

ただ、時々店探しもします。アシスタントを「新しい店を探しておいてください。ご飯食べましょう」と誘います。すると、結構考えていろんな店をセットしてくれます。試食しながらリサーチです。あなたも家族や恋人、友達を誘って、候補のお店に行ってみてはいかがでしょう？

結果的には「この店は二度と来るのはやめよう」ということになることも結構あります。まあ、それはそれでいいのです。

そんなことをやっていると、年に5軒ぐらいはレパートリーが増えます。

いずれにせよ、**店主があなたのことを認識してくれる店を何軒作れるかがポイントです。**

やりぬくポイント
54

同じ店ばかりで会食するのはメリット大
新規開拓はたまにで十分！

法則 55

感情に流されない

スケジュール通りに物事が進まずにイラッとすることがありますよね？

・先方が遅刻している
・電車がとまった
・道が渋滞だ
・会議が延びている

生きていれば、そんなことは日常茶飯事です。

イライラしていると、その日中、ダメモードになっていく場合もあります。人と会っても「ちょっと聞いてよ！」と、道が混んでいた不満をいきなり言ったりすることになります。

せっかく会った相手からすれば、いきなり文句を言われてはたまったものではありません。逆にイラッとします。本当に残念です。

……そんな経験、ありますよね。

そんな時、仕事で出合ったのが「アンガーマネジメント」です。セミナーに顔を出したのです。詳細はぜひとも日本アンガーマネジメント協会のセミナーに参加するか、安藤俊介代表理事の本を読んで知ってください。

さて、**一番僕が心がけていることは、イラッとした時に「6秒数えること」です。**イラッとしても、6秒我慢すると、「まあ、いいか」という感じになります。人に何か嫌なことを言われた時も6秒数えると、結構大丈夫です。

そう、それが怒りをコントロールするアンガーマネジメントの基本です。基本中の基本です。イラッとしないというのが大切です。いくら完璧なスケジュールができても、それが壊れてしまうのが日常です。想定していなかったことも起こり得ます。それが人生です。でも、感情をコントロールできれば、それらは解決します。

本書でここまで、いろんなテクニックを書いてきましたが、一番は感情を落ち着かせることです。

・できる限りトラブルに対応するために、あらかじめいろんなことの準備をする
・さらに、早めに行動をする
・できる限り時間を作って「しまった！」という失敗をなくす

これが本当に大切な考え方です。それをなくすために僕は懸命にスケジュールを考えて調整しているのです。

多分、普通のコンサルタントよりも大忙しの毎日です。毎日10近い会議に出ています。

そして移動中や隙間に原稿を書いたりレポートを書いたりしています。それも半端じゃなく多い量です。

人の倍以上も働いているのだからトラブルもそれだけ多い。そんな時コントロールするのが怒りです。

アンガーマネジメントは本当に人を変えます。

イラッとするのをやめましょう。まずは6秒数える。そして深呼吸も。

今日も8回は「6秒数え」をしました。コントロールによって、一度も怒っていません。

怒ると自分自身も疲れます。静かにコントロールをして、目標に向かって着々と進める、そんな毎日です。

競争するのは、昨日の自分だけ。今日の僕は昨日の僕よりもちょっとだけ競争に勝っています。

やりぬくポイント
55

忙しい人はアンガーマネジメントが重要
イラッとしたら6秒数える!

第6章

やりぬくポイント

やりぬくポイント 48
ダラダラ時間が人生の失敗を招く！
ムダな時間を使わない仕組みを作ろう

やりぬくポイント 49
待ち合わせ場所は店名や地名まで伝える！
絶対に間違えない配慮を

やりぬくポイント 50
成功者はムダなランチ代を使わない！
安くておいしいものでサッと済ませよう

やりぬくポイント 51
大人こそ「明日の持ち物」の確認を！
意識しないと人はどんどんいい加減になる

やりぬくポイント 52
移動は1分でも早く！
遅刻するぐらいならタクシーを使おう

やりぬくポイント 53
うっかり乗り遅れても挽回できる予定管理を！
焦りは仕事のパフォーマンスを下げる

やりぬくポイント 54
同じ店ばかりで会食するのはメリット大
新規開拓はたまにで十分！

やりぬくポイント 55
忙しい人はアンガーマネジメントが重要
イラッとしたら6秒数える！

エピローグ

ここまで本書をお読みいただき、ありがとうございました。
最後に少しだけ、この本を読んでくれた方へのエールを送ろうと思います。

すべての物事は、原因があって結果があります。
あなたがこうして生きているのは、ご両親がいるからです。
かつて僕が太ってしまったのは、食べすぎたからです。
ただ漫然と結果が発生することはありません。

仕事も同じですよ……なんて書くと「当たり前だ」と言われそうです。でも、今やっていることが、未来のどんな結果につながるのか、いちいち考えるのは結構大変です。同じように、未来の結果に対して今やることを原因にするのも、意識しないとなかなかできません。

つい、ズルズルと時間が過ぎて、結果だけが残ることになってしまいます。

そして結果に対して「こうすればよかった、ああしておけばよかった」と後悔が湧きます。

昔の僕はそうでした。でも計画術を身につけてからは違います。


さて、本書を読み終えたあなたのスケジュールには、どんなことが書いてあるでしょうか。

仕事もプライベートも含めて、きっとたくさんの予定が書かれていると思います。

それらは、はたして何が目的なのでしょうか？　どんな結果を得るための予定なのでしょうか？　そのために今からできることはないでしょうか？


常に計画を意識すると、その瞬間から人生が変わります。

あらゆる予定が原因と結果として結びついていきます。


さあ、「生きたスケジュール」を考えましょう。

せっかく仕事をするなら、最大限の成果を目指しましょう。

時は金なり、スケジュールも金なりです。

この本で紹介した法則が、少しでもあなたの人生の役に立つのなら、著者として嬉しい限りです。

本書の出版の機会をくださったアスコムの皆様をはじめ、前作に引き続き装丁をデザインしてくださった山之口正和氏、装丁イラストのこつじゆい氏に感謝を申し上げます。

この瞬間が、あなたの豊かな人生という結果につながりますように。

野呂エイシロウ

野呂エイシロウ（のろ・えいしろう）

1967年愛知県生まれ。小学4年生より放送部。中学生の頃より朝までラジオを聴いていたため、高校受験・大学受験を失敗。愛知工業大学で、コンピューターと出逢う。大学時代、雑誌「DIME」で見つけた募集広告に応募し、三菱電機の学生起業に参画。初の学生向け家電、初の学生クレジットカードの企画立案・マーケティングを行う。

その後、「元気が出るテレビ・作家予備校」にて放送作家に。「鉄腕!DASH!!」「特命リサーチ200X」「ビートたけしの奇跡体験アンビリバボー」などの構成作家に。自動車の番組がきっかけで自動車会社のマーケティング担当と出逢い、戦略的PRコンサルタントへ。「婚活ブーム」「グルーポンブーム」「フラッシュマーケティング」「ふるさと納税ブーム」などに携わる。

現在までに140社のコンサルタントを行う。常に20社ほどと契約。ブームを作りそれを定着し、企業や消費者に利益を生むのが役割。ミッションは、「企画と言葉の力で世の中を面白くすること」。毎日、10近い会議に参加。

『心をつかむ話し方　無敵の法則』（アスコム）など著書多数。

先延ばしと挫折をなくす計画術
無敵の法則

発行日　2021年7月30日　第1刷
発行日　2021年8月31日　第2刷

著者　野呂エイシロウ

本書プロジェクトチーム
編集統括　柿内尚文
編集担当　中山景
デザイン　山之口正和、沢田幸平（OKIKATA）
編集協力　仲山洋平（フォーウェイ）
カバーイラスト　こつじゆい
校正　東京出版サービスセンター
DTP　瞬報社写真印刷

営業統括　丸山敏生
営業推進　増尾友裕、綱脇愛、大原桂子、桐山敦子、
矢部愛、寺内未来子
販売促進　池田孝一郎、石井耕平、熊切絵理、菊山清佳、
吉村寿美子、矢橋寛子、遠藤真知子、森田真紀、
高垣知子、氏家和佳子
プロモーション　山田美恵、藤野茉友、林屋成一郎

編集　小林英史、舘瑞恵、栗田亘、村上芳子、大住兼正、
菊地貴広
講演・マネジメント事業　斎藤和佳、志水公美
メディア開発　池田剛、中村悟志、長野太介、多湖元毅
管理部　八木宏之、早坂裕子、生越こずえ、名児耶美咲、金井昭彦
マネジメント　坂下毅
発行人　高橋克佳

発行所　株式会社アスコム

〒105-0003
東京都港区西新橋2-23-1　3東洋海事ビル
編集部　TEL：03-5425-6627
営業局　TEL：03-5425-6626　FAX：03-5425-6770

印刷・製本　中央精版印刷株式会社

Printed in Japan ISBN 978-4-7762-1162-4

本書は、2018年5月に明日香出版社より刊行された『成果につながる！仕事と時間の「仕組み術」』を改題し、加筆修正したものです。

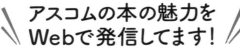